深度文案

爆款产品的文案创作法则

【英】格伦 · 费雪（Glenn Fisher）— 著
季丽婷 — 译

北京时代华文书局

图书在版编目（CIP）数据

深度文案：爆款产品的文案创作法则 /（英）格伦·费雪著；季丽婷译 . -- 北京：北京时代华文书局，2020.2

ISBN 978-7-5699-3498-4

Ⅰ . ①深… Ⅱ . ①格… ②季… Ⅲ . ①广告文案－写作 Ⅳ . ① F713.812

中国版本图书馆 CIP 数据核字 (2020) 第 009119 号

著作权合同登记号 图字：01-2019-7626

The Art of the Click: How to harness the power of direct-response copywriting and make more sales
First published in Great Britain in 2018

Originally published in the UK by Harriman House Ltd in 2018, www.harriman-house.com

深度文案

著　　者 | 【英】格伦 · 费雪
译　　者 | 季丽婷
出 版 人 | 陈　涛
图书监制 | 俞根勇
图书策划 | 顾光杰
产品经理 | 关　欣　方　方
责任编辑 | 徐敏峰　姜锦赫
营销编辑 | 张银铃　张立明
责任印制 | 郝　旺
出版发行 | 北京时代华文书局 http://www.bjsdsj.com.cn
北京市东城区安定门外大街 136 号皇城国际大厦 A 座 8 楼
邮编：100011　电话：010 - 83670692　64267677
印　　刷 | 北京中科印刷有限公司
（如发现印装质量问题，请与印刷厂联系调换）
开　　本 | 880mm×1230mm　1/32
印　　张 | 8
字　　数 | 190 千字
版　　次 | 2020 年 2 月第 1 版
印　　次 | 2020 年 2 月第 1 次印刷
书　　号 | ISBN 978-7-5699-3498-4
定　　价 | 46.00 元

赞誉

格伦·费雪掌握着一个价值连城的秘诀。那就是如何仅仅凭着一封广告信，就让完全不认识的陌生人掏出自己的“血汗钱”。也不知道格伦是不是疯了，他决定要把自己私藏的秘诀公布在这本书里。对于文案撰稿人——应该说是任何做市场营销的人或者企业家，如果真心想要赚大钱的话，绝对不能错过此书。

——《为销售而写》及《富有说服力的广告文案》作者，安迪·马斯林

《深度文案》是各种实操意见和方法的精彩汇编，任何有志于提升“直接起效”广告文案技能并为客户销售更多的创作人，都能从中受益。

——《反直觉》作者，理查德·肖顿

《深度文案》是一本关于“直接起效”文案创作的大师级读物，它充满激情，见地深刻，更重要的是，它还朗朗上口。格伦·费雪是英国直销界的顶尖文案作家之一，他会在这本书里展示自己的那些“看家本领”。这本书以深度研究为起点，用语言吸引住读者的注意力并将所学转化成行动。此外，他还添加了三场与业界大师的访谈录。如果你也想让自己的广告文案具有十足的感染力和说服力，就买一本吧。

——《让文案创作变得简单》作者，汤姆·阿尔布赖顿

格伦跳出了那些让外行摸不着头脑的行话，和所有优秀的文案作家一样——他直接写给读者，他的遣词造句能让你轻轻松松读懂《深度文案》。书里包含了很多容易记忆的写作技巧、幽默的解析和让你忍俊不禁的趣闻轶事，感觉就像是一堂毫不费力但精彩绝伦的一对一的大师课。

——Sky、The Body Shop、Hotels.com 等公司广告文案总监，维基 · 罗斯

每次你拿到一本关于文案创作的书，你都会自然而然地将它等同于一本死气沉沉的科学读物。你知道你能从书里学到很多，但是读书总是很累人的嘛。《深度文案》就完全不是这样。格伦让整本书变得轻松且愉悦。它很有趣，很吸引人，读起来非常轻松——即便对于像我这样，就算术语再少的书也读起来很费力的人，同样读得很顺畅。这本书讲的是如何用语言去销售，而格伦正是这一技艺的大师。读完这本书，你会成为更好的广告撰稿人。写得好，格伦先生。真的是好。

——That.Content.Shed. 公司创始人，加里斯 · 汉考克

《深度文案》是对久负盛名的“直接起效”文案创作的现代诠释，堪称大师级的典范。这本书写得引人入胜，符合格伦的一贯水准。它避开了绝大多数网上营销咨询建议的索然与晦涩，而是真正能帮你转化为销售成果。如果你想卖得更多，就买这本书吧！

——澳大利亚 Wellmark 创意副总监，瑞恩 · 瓦尔曼

本书谨致每天让我开怀不已的露丝·怀尔德

并借此感谢温迪·费雪，资助我度过了那些艰苦奋斗的岁月

关于作者

格伦·费雪 1981 年出生于英国的格里姆斯比。在当地议会工作几年后，他成为一名广告文案撰稿人，并创建了 AllGoodCopy.com，这是一个为“直接起效”广告文案撰稿人及营销人提供免费在线资源的网站。10 多年来，他一直效力于一家大型国际金融出版商“阿戈拉”(Agora)。2018 年,他在英国帮助创办起了“阿戈拉”的分公司“阿戈拉金融”(Agora Financial) 后，开始以自由职业者的身份撰写文案并专注于辅导有志于广告文案的作者。现在，他和他的生活伴侣露丝及小狗帕布罗，在英国东海岸过着幸福的生活。

目 录

contents

序　言

内容概览

《深度文案》讲述的是如何利用语言去感染和说服他人。很多时候，要想吸引别人点开你的广告，读你的博客，或者买你的产品，你单单提出一个好的想法还不够，你还需要用一种打动人心的方式去传达你的想法。本书将着重讲解一种“直接起效”文案创作法及其基本原理，以助你达成目标。

“直接起效”文案创作法其实已经不太被人提起，因为它容易让人联想到老式的直邮的概念。但这样想就有些太过简单了。你可以看到，如今的商业活动越来越多地发生在网上，只需点击一个按钮就可以完成销售。然而令人惊讶的是，很少有企业意识到他们正处于“直接起效”的营销环境中。相反，他们更愿意把精力投入到相对间接、抽象和难以衡量的一些概念上——比如品牌标识、产品布局和社交媒体意见领袖等。

当然，上面提到的概念和技术在你的营销活动中完全应该占有一席之地，而且必然会对促进销售产生积极影响。不过本书关注的不是商标、名人或者赞助类的事宜，而是更有形的、可以明确测量的一些变量，并且任何企业都可以通过影响这些变量来提高销售。具体来说，本书聚焦于你打算如何去描述及推广你的产品，帮助研究你的目标受众，并和你分享一些切实可行的方法来雕琢你的信息，最终达到让受众购买的目的。值得注意的是，尽管类似直邮的线下营销方式也很值得探讨——尤其是在如今在线营销领域已经拥挤不堪的情况下。但为了清晰起见,本书仅仅关注所有数字化营销的范畴，即讲的是点击的艺术，而不是优惠券的故事。

为谁而写？

首先,《深度文案》是写给那些执着于寻找秘密武器来提升销售业绩的人。它绝不仅仅是写给撰稿人的指导手册。无论你是设计师、市场营销人员还是企业家，学习书中的技能技巧并加以运用，都能帮助你在工作中事半功倍。从这个意义上来说，但凡你想了解人们的思考方式，想知道如何利用“直接起效”文案创作法来雕琢你的广告信息，从而影响受众行为，你就是我的目标读者。

第一部分将会探讨你在每次落笔之前，应该考虑到的一切。对于写作而言，研究成功的“直接起效”文案案例，进行受众调研以及事先确定是什么让一个想法值得一写等，都是非常重要的。

第二部分将围绕写作技巧进行深入探讨。如何将产品功能写成对顾客的好处；如何打造吸引眼球的标题；以及如何在诱人的标题之下，编写打动人心的文本内容等。

本书的第三部分，我分享了三场对“直接起效”文案专家的采访，他们对我的写作及职业生涯都有着很深的影响。除了我在书中分享的技巧之外，约翰·福德、马克·福特和詹姆斯·伍德伯恩还分享了他们对于这一领域的独到见解。

虽然本书通篇采用叙事结构，但如果你想找找灵感，也完全可以分拆开来翻阅。写作的时候你最好把它放在手边，随时找找灵感。

我希望将《深度文案》作为起点，开启业界围绕“直接起效”文案创作法的广泛探讨。尽管书中讲到的很多基本原理是恒定不变的，但如何执行及落地却常常千差万别。任何学科都是学无止境的，你们读完这本书之后，非常欢迎再和我做进一步的探讨。你可以关注推特账号 @allgoodcopy，在上面找到所有关于“直接起效”文案创作的内容。

致　谢

感谢所有的撰稿人和营销人同行，是你们让我进一步了解了这门怪异的艺术。特别感谢戴夫·费达什，给了我入行的机会，另外还要特别感谢古德·费拉斯、达伦·休斯和维诺德·戈拉西亚，是你们帮我把这一切变成了一份职业。

感谢比尔·邦纳和艾迪生·维金。你们所创立的这家伟大的公司，帮助很多像我这样的人，践行了一些过去无法想象的事情。

感谢约翰·福德、马克·福特和詹姆斯·伍德伯恩。谢谢你们愿意成为这本书的一部分，花时间与大家探讨自己的从业经历。也要感谢你们不断给我提供灵感、指导和支持。

我还要深深感谢我在哈里曼出版社的编辑克雷格·皮尔斯。事实证明，写一本书和写一份文案还是大不相同的，感谢他在整个过程中对我的耐心指导，为我带来了很多启发。

最后，要感谢我的生活伴侣露丝和我的家人，是你们给了我坚定的支持，给了我信心和生活上的照顾。还要向我的小狗帕布罗致意，它早上一直默默地耐心地等我写完最后一段，再一起出门散步。

引　言

互联网时代的“直接起效”文案创作法

你真的不怕头痛吗？那你就来钻研一下互联网广告吧！

——美国商人，巴里·迪勒

点击这里有惊喜

点击这里为我滑稽的小狗点赞吧；点击这里赞我的影评；点击这里预订今晚我们乐队的演出门票；点击这里赞助我，回复我的邮件，确认我们的见面时间；点击这里确认你的订单；点击这里切换成小字体；点击这里查看有没有你要的尺寸；点击这里升级到无限畅饮；点击这里观看下一集；更新你的订阅；点击这里更新；点击这里注册你的地址；点击这里表示你已经阅读过条款和条件；看在上帝的份儿上，赶快点击这里申领你的加急免费报告吧！

你碰到过这类“点击这里”的请求吗？想必你一定遇到过吧。但让我问问你：你上一次请求别人“点击这里”是什么时候？你可能没有意识到，其实你很少有一天是不让别人直接或间接点击一些什么的。不管是“脸书”上的朋友，还是工作中的潜在客户，你的目标总是一样的：引发响应并获得点击。

说真的，让人们点击东西是不容易的。如果你曾经百思不得其解，为什么大家都不喜欢你发的照片的话，就能领会一二了。“照片墙”上你可怜的小狗戴着它的小平帽，却没人点赞。又或者是，下周四晚上在坦布里奇韦尔斯（英格兰东南部肯特郡自治市）举办的250人理财研讨会，你却只卖出了一张门票。

更糟糕的情形是：往往你还不是唯一一个试图让那个人点击的人。当一个朋友或者一个潜在客户打开他们的手机，查看他们的收件箱或者上网浏览时，就会有一波又一波的人拉着他点击这个点击那个。

这就是为什么，在一个日益网络化的商业世界中，拥抱点击的艺术是如此重要。

让我现在就告诉你：无论你从事什么行业，要想在今天的在线营销市场上取得成功，你就必须学会如何写出打动人心的文案。无论你是开发新客户的营销人员，或旨在维系老客户的广告文案，又或是全盘负责所有业务并急于改善盈利的企业家……你都亟须了解究竟是什么吸引点击。

好消息是，你找对了地方。这本书将解释给你听是什么鼓动人们点击。我还会与你分享各种写作技巧，让更多的人点击你的内容。

在看这本书之前，你不需要有任何关于广告文案、市场营销或互联网博弈的知识储备。当然，互联网博弈和我们这里要讲的内容毫无关系。互联网博弈我只是说着玩儿。我的意思是要告诉你，你如果不是市场营销专家或者文案专家，完全不用担心！（读完这本书，你就是了。）

从我的角度来看，你选择这本书的目的，是想让更多的人点击你网店账户上“立即购买”的按钮。那很酷，我也很希望教会你如何卖出更多的酷酷的小饰品。又或者，你买这本书的目的是想让更多人点击你销售页面上“申领免费报告”的按钮——你在报告中分享了你与资深租房专家的一次值得回味的合作。没问题，就让我们想办法寄出更多免费报告吧！又或者，你可能自己出版了一本书，想知道有没有办法多卖一些。那也很棒，我分享的内容一定能帮到你。不管你出于什么样的目的读这本书，我都觉得很酷。我的出发点很简单，就是教会你怎么让你的目标群体“点击这里”。或者直接点说，让他们买起来。

怎么样？嗯，还不错。好的，现在是这样的，我会通过展示给你一种“直接起效”文案创作法，来达到上述目的。这听起来有点艰涩，和你的期待可能不太一样。的确听起来不怎么酷，可以说大部分人都不会觉得酷。

但这个创作法真的有效，非常有效。（郑重申明一下，我个人认为它还是有点酷的。）

正是凭借“直接起效”文案创作法，我帮助了很多人、很多企业赚到了数以百万计的英镑、美元和欧元。

你的雄心有多大其实不重要：读几小时的书也许能帮助你改善公司目前的市场营销状况，给你带来不错的加薪，或者帮助你写出一封完美的“直接起效”营销信，把你在坦布里奇韦尔斯的研讨会门票卖出去，从而彻底改变你的命运。无论怎样，也不管读完这本书会发生什么，我都会尽力让这本书读起来有趣且愉悦，甚至让你感到很开心。其他的，我真的无法保证。

首先，一个大问题：究竟什么是“直接起效”文案创作法？

我们很快就会讲到具体细节。你不妨在一个很高的概念层次上先思考一下：对方点击的这个动作，其实就是直接回应了你的请求。有点道理吧！可惜的是，在我看来，当今关于网络营销的很多培训都受到所谓的“间接起效”营销这套暧昧理论的影响。再说一遍，我们很快就要讲到定义了，但或许你已经感悟到了一二。我所指的是那些匆忙设立广告公司的“时髦派”——比较着谁的办公室开销最大，开销大又有什么用？他们通常滔滔不绝地和你聊着“品牌意识”的重要性，或者是否应该在下一次梅赛德斯广告中使用老虎或美洲狮，来强调汽车的气派。

另一种则可能是这批“时髦派”的祖辈，那些身着名牌意大利西装的精明广告人，他们的消费账目读起来就像是名厨的节日菜单，而他们的代理机构完全依赖着大公司的“钱袋子”。由于委托公司规模庞大，他们很难察觉自己的营销预算被花在了促销活动中一个单一的，甚至有些草率的品牌重塑宣传上。所谓能将公司带入崭新纪元的改变，无非是把标志上的字做成斜体罢了。

不好意思，一不小心溜进了抱怨模式。但是，正如我们马上要谈到的，这个“间接起效”的理论有其固有问题，尤其是在当今拥挤的网络市场营销中。这就是为什么，在这本书中，我想花时间向你们好好介绍一下如何充分利用“直接起效”文案创作法的威力。

很快，你就可以写出更好的广告文案了！

我们摇摇欲坠。我们身处塔尖。我们望过悬崖边缘。望到了什么？当然是你的全新生活。好的。好的。听着，我知道这听起来很荒谬，也有点戏剧性，但是说实话，这是真的。如果你想要的话，那就是千真万确的。让我们这样说吧。你看，贯穿本书，我将让你快速练就撰写“直接起效”文案的本领，一旦你达成了我要求的标准，就可以真正地扭转你的业务前景。无论你拥有一家公司，还是你现在躲在某个营销部门，靠拼命工作来证明你的价值，这本书都将能帮助你凭借“直接起效”文案的威力来实现质的飞跃。

事实上，不管你现在身在何处，基本道理都是一样的：你需要保持开放的心态，听我的话，并稍加练习。别担心，不会很难的——至少我也没必要搞得那么复杂。其实，你只需要时不时地拨出一些时间，操练一下我教会你的东西就成了。

为了感谢你为此抽出的几小时努力，我也承诺会尽我所能帮助你。在这本书中，我将与你们分享我自己在“直接起效”创作领域的一些经验和见解，并向你们展示应该如何利用好这种写作法的力量。我的最终目标是：让你在读完这本书的时候，拥有足够的“直接起效”营销知识，能够说服几乎任何人点击几乎任何东西。

听起来很美妙吧！我希望如此。接下来还有一大堆东西我要讲给你们听，如果我们不加快进度，就得整天徘徊在介绍板块了。我不想那样——我想你们得到好东西。

不过在正式开始之前，我还需要解释一些基本的东西，比如你为什么要学习“直接起效”文案创作法？为什么每个人都如此痴迷于“提高点击率”？在我们谈到具体细节之前，我还得再“歪一下楼”，先来谈谈我自己。吁！谁要听你的故事！格伦，快点讲好东西，告诉我怎么才能写好广告文案。我知道，我知道。你现在最不想听到的就是我的故事，但恐怕这个故事是很有必要的——你们可能真的不关心，但对于我是很重要的——我希望介绍一下我自己，以及我是如何进入“直接起效”文案界的。

每个人的故事都是不同的

这就是所谓“疯狂中的理智”。相信我。听完我的故事，能让你更好地理解那个关键问题：为什么要学习“直接起效”文案创作法？

你看，专科学院毕业后，我感觉不需要再学别的东西了（我年轻时相当傲慢），于是跳过大学，直接进入了朝九晚五的残酷世界。

我在东北部林肯郡（当时是南汉伯赛德）的议会工作，经过教育、金融、住房福利等各个部门轮岗实习后，我最终落定在了审计部门。

我不想讲太多，基本上，我的工作就是进驻到各个理事会部门（和学校），检查他们的账户和他们为管理上述部门（或学校）而建立的系统，并就如何改进提出建议。

事后看来，这倒是一种不错的学习企业运作方式的好方法——但那时候，随着工资的快速上涨，我却越发感到这样的工作非常枯燥乏味。更糟糕的是，发展前景也很有限。我只能慢慢熬成老板，头上会有一个新老板，然后我又坐上了这个老板的位置，上面又会有一个新老板……

总之就是，在那个阶段，我还说不出来我想要什么。我只知道我想要一些不同的东西。我现在知道我当时想要的其实是自由，纯粹明了，也就是我现在所处的环境。而这一切都是“直接起效”广告文案赋予我的。

事实上，我是在巴黎的一间公寓里写下了这几页书，以一个自由人的身份。如果你看过电影《天使爱美丽》，还记得她每天光顾的杂货店——我就坐在对面。听着音乐，喝着酒，为你写着东西。明天早上，我会散步到一家法式糕饼店吃早餐。到我最喜欢的书店去，然后再写下一章。下午，我会找一个安静的咖啡馆，点一瓶酒，读读书。不用说，这个生活状态真是惬意无比。这就是为什么我很想通过这本书，把我掌握的知识传授给你们。

不要误解我的意思：你可能没有如此宏大的抱负。也许你只是想为你的公司写出更棒的广告文案，或者你是一个企业家，急于知道如何卖出更多的产品。那太酷了。我刚才说这些，只是想让你感受到“直接起效”文案创作的潜能。它可以改变一切。

曾经沧海难为水

我很喜欢“曾经沧海难为水”这个句子。

这句话也总结出了，为什么我觉得“直接起效”创作法值得一学。也是为什么我坚信，它可以成为扭转企业命运的法宝之一。你可以看到，“直接起效”广告文案是与销售业绩直接挂钩的。销售结果通常能立即看到，且易于测量，这就意味着你快速提高文案的质量，就会带来更多的点击率，最终转化成更多的销售数字。

我好像讲得有点快了。

首先，为了确保我们的步速一致，可以先定义几个重要的行话。你可以想想当我们说到“广告文案”的时候，我们想表达什么？

（目前）最简单的答案是“为实现销售而写的文案”。“广告文案”是任何一种用来鼓励他人采取某种行动（通常涉及某种货币交易行为）的文字创作。

这很容易理解。“直接起效”这个短语就有点复杂了。为了解释清楚它的意思，让我先给你讲一个小故事：

从前，“直接起效”文案被认为是文案界的“唐”。可它并不是唐·德雷珀。唐·德雷珀——电视剧《广告狂人》虚构的著名文案作家——是一个“间接起效”撰稿人。他写文案是为了短暂地引起你的注意，然后强迫产品留在你的脑海里。通常，一篇好的“间接起效”文案会在你的脑海中停留很长时间，就算你后来走到超市或者逛街购物，也会觉得产品就在你面前闪闪发光，让你充满着购物的欲望。那是“间接起效”文案创作法——你的购买行为其实被推迟了。

“直接起效”文案就要直接得多。它的创作目的是让读者当时立刻产生购买的欲望。通过“直接起效”广告文案，购买行为应该是立即产生的。

我在这里提到唐·德雷珀是有原因的。电视剧《广告狂人》的故事原型多多少少就是20世纪60年代那些发展得如日中天的广告人——其中大卫·奥格威就是一个典型。啊，简直是被奉为上帝的名字：大卫·奥格威。

每当人们聊到广告文案，他总是会被提起。用中立的态度来讲，他怎么说都是一个十足聪明的人。这本书里也会提到他好几次。（同时，我们也要对诸如克劳德·霍普金斯、尤金·施瓦茨和盖瑞·亥尔波特等文案作家给予这样的赞誉，他们都为广告文案界做出了巨大贡献。）

奥格威在“间接起效”创作领域里“百发百中”，可以说定义了广告文案的一个时代。事实上，我们仍然没有真正走出他的时代：今天你看到的很多广告文案，仍然有他的影子。但是为什么他是如此出众呢？

为什么大卫·奥格威热衷"直接起效"文案创作法？

这就是"直接起效"广告文案东山再起的时候。大卫·奥格威很清楚一件事：理解"直接起效"创作法就理解了文案写作的全部过程。据说当时，除非撰稿人至少学过两年怎么写"直接起效"文案，否则他一律拒绝聘用。哈，这真是太有趣了。为什么他要这么做呢？原因就在于：

"直接起效"文案的成效易测，而"间接起效"不易测。

这是"直接起效"文案的一大优势。这也就是为什么我要推荐你们都去学它。如果你能在可控的环境下测试变量，你就能检测出究竟是哪一个变量促使人们点击并最终做出购买决定。这要比在"间接起效"环境下快得多（通常也耗费得更少）。

我们拿"间接起效"举个例子——比如说可口可乐的一个广告，上面有一些北极熊在玩水。你在全国性报纸上刊登了两周的印刷广告，但是你不可能马上知道广告的效果。你一般是希望人们首先能看到广告，然后脑袋里一直萦绕着享受可乐的念头，最终当他们走进商店的时候会想到买一瓶。

两周后，你了解到可口可乐的销量上升了，这都是北极熊的功劳吗？还是因为别的什么原因？谁知道呢？当然，你可以通过嵌入一个网站链接，或是取消其他同时进行的营销宣传，或者比较一下去年的广告带来多少销量，来估测本次广告投放的效果。但是坦白讲，这都有点似是而非。

相反，我们再来看一个"直接起效"的例子。为避免作弊之嫌，我们还是来说可口可乐的广告。这次你在全国性报纸上刊登了一则广告，向读者提供优惠券，下一次他买可乐的时候将能买一送一。你可能会说，“买一送一”本来就比北极熊玩水吸引人得多。我们暂时不考虑这点，现在探讨的是能不能即时测试出广告投放的效果——也就是测试人们会不会回应你的广告。很显然，一旦这个广告产生效果，你马上就能知道了。

好戏还在这里……

现在，你可以把两种广告同时比较一下。见鬼，你甚至可以登一则带有北极熊赠送免费可乐的广告，然后看看是这个广告效果好呢，还是一条带着大标题“领取免费可乐”的广告更加诱人。

关键的差别在于，由于读者必须即时采取行动，所以你可以更容易地去评测读者对不同变量的反应。说得简单一点：你可以根据事实效果来改进广告，而不是仅仅听某个客户说的“应该会很酷”。奥格威就深知这一点，他曾说过：“永远不要停止测试，这样，你的广告也就永远不会停止进步。”

能够通过一篇广告文案来测试不同变量的效果，这是怎样的一种威力啊！这就是为什么充分理解“直接起效”广告文案，会成为一种很有价值的技能。这也就是为什么，一旦你跟着我读完这本书，你就可以写出优秀得多的销售文案来销售你的产品或服务了。记住，从本质上来讲，广告文案仅仅是用来传递信息的，而“直接起效”文案则是为了确保信息准确触达所应触达的地方并转化成了行动。

从“小白”开始就行

我不知道你现在的职业情况如何。你或许已经在成为文案撰稿人的路上了，现在需要一些额外的引导，以找到一条能确保你知道自己在说什么的道路。又或许你对这个领域完全陌生，你可能是看到了读者的推荐词，想着要是能开发一种技能提升自己所从事的营销或设计工作，那就太棒了。也可能你是一位凡事都涉猎过一些的企业家，希望掌握“直接起效”创作法来帮助你主宰世界。

好消息是，不管你是谁，不管你的背景如何，也不管你带着怎样的期待，我想我都能帮上忙。你看，在这本书里——即便你已经是一个小有成就的作家——我都要求你忘掉你认为你所知道的一切。我要求你从零开始。

相信我，你不是第一个经历这一过程的人——我培训过很多背景经历迥异的人。从初次涉足文案写作的“菜鸟”，到一些见到我成功之后想跟我学习写作技巧的行家老手。所以，如果你觉得自己完全算不上一个优秀写手的话，请千万不要担心——你不需要那么出色。现在，你只要能传递出一条广告信息就足够了。你准备好了吗？坐在舒服的位置上了吗？你兴奋吗？我希望如此，因为本书的前几章会涵盖很多重要的概念，它们将为你理解并开始着手写“直接起效”文案奠定基础。

拜托了，请不要跳过任何东西。我要求你做的一些事情听起来像是非常艰苦，但它们不是。它们更像是一种“入行”仪式，是每一位卓有成就、能独立创作的“直接起效”撰稿人都必须经历的过程。你也必须如此。

关于这本书你应该知道的另一件事

我以前有过一位文案“导师”，他在行业里算得上是一个有点“癫狂”的角色。多年来，他的广告文案都写得很成功，也因此证明了自己，但问题是他在上班这件事上总是“来去自如”，丝毫不受约束。

他的办公桌就在我旁边，但他几乎不太坐在那里。我那段时间很期盼他来上班，指望他能给我一些方向性的指引或者分享一些行业洞见。有时我会等上好几天。当他终于来上班的时候（这也非常偶尔），总是带着一大沓书——只不过都和文案写作无关——然后大大咧咧地推荐大家一起去附近酒馆喝一款烈酒。当然，我也跟着去了。

但是我呢，迫切地想知道所谓的“导师辅导”究竟什么时候才能开始。我觉得这事儿就压根没有开始过，至少不是按照任何结构化的方式开始的。我主要是从阅读他的作品中学习，间或问一些没头没脑的问题，其实总的来说我就是自己做研究——在网上阅读，问问办公室的其他人有什么事值得关注，听其他导师指教两句等。就这样，我慢慢进入了正轨，事业也发展起来了。

所以，我的第一次培训，基本上就是以这种看似很随机的方式进行的。不过现在反观起来，我倒也不觉得是一件坏事。

这就是为什么你读我的书，有时候也会觉得有一些“小意外”藏在里面。当然，为了给这本书做好结构划分，我也算煞费苦心。目的是让你即便一口气读下来，也不会很费脑；同时也确保你要先学会走路，再去学跑步。总的来说，这本书还是有非常清晰的内在逻辑。我认为这很好，因为我们需要清楚自己所在的位置，并且保证双方在同一个位置节点上说话。但我也会为时不时的“小意外”留出空间，也就是容许我有自由发挥的余地，让我像我的第一位导师那样，去灵活地教会你技能。

别担心——我不会过于放飞自我的。只是有时“歪歪楼”，谈一些看似不相关的事情而已。但它们其实很有存在的必要，最终你会看到这种“癫狂”背后的方法。我希望你能接受。

但同时，我要特别申明，在答疑解惑上我绝不会继承我老导师的做法。当你有疑问的时候，我一定会耐心回答。我很期待回答你们在读书过程中的任何问题，请随时发邮件给我，而我也会尽力为你解答，希望你喜欢这个过程。如果你想抓住我，你可以在发给我邮件的时候（邮箱地址为 allgoodcopy@gmail.com），在标题栏上注明《深度文案》——这样我就知道是你给我发邮件了，我会把它作为优先事项处理的。

秘 诀

但凡涉及“直接起效”文案创作，你都需要确保所使用的文字简单易懂。过去在学校的语文课上，我们经常被鼓励尽可能使用虚浮华丽的辞藻，词汇越晦涩，作文的得分越高。但事实上，普通读者是很难理解那些深奥的句子的。即使你已经是一个才高八斗的有名作家，也不要尝试去这么做。你要做的是忘掉你的“花言巧语”，用对话的方式直接写给读者。

第一部分

在你落笔之前

第一章　所有伟大的撰稿人都从销售信开始

好的广告不只是传播信息。

——　李奥·贝纳

广告界有太多像吉米这样的人

吉米起初是在一家以发布“理财建议”为主的大型机构做初级文案。那时候，他对广告文案还一无所知。他在大学里学的是传媒学，毕业后好不容易找到了一份工作。他很热衷于讲故事，但也算不上什么专业作家。尽管如此，他还是“侥幸”通过了面试，如今坐在办公室的他有些迷茫，下一步要做什么?

他被要求写两条短信息。他知道短信息的内容,以及是要发给谁，只需要把它写出来。每条信息大约500个单词左右。他很努力地做完功课，把这两条信息交给老板看。没想到老板看完后，竟不客气地问道：“这算什么？”吉米也不知道如何回答。他照着吩咐去做了。

他也没受过训练，也不知道他为什么要做这件事。他只是照吩咐去做而已。愚蠢的老板觉得吉米太笨了，在找出吉米另外几个差错之后，打算立即解雇他。

可怜的吉米！我们当然知道吉米并没做错什么——他被告知要写两条短信息，告诉他写什么，他就按照吩咐去写了。但是从头到尾，都没人告诉过吉米为什么要做这件事。他也没有任何机会去理解写这两条短信息的目的。遇到那么笨的老板，也不是吉米的错。他花了三个月时间苦苦思考老板究竟要的是什么，而就在他刚刚开始理解任务本质的时候，却已经被解雇了。

这是一个挺悲剧的故事，但这样的故事却不少见——尤其是在“直接起效”文案界里。令人难过的是，我见过太多像吉米这样的人在这个体系里进进出出——更糟糕的是，我也见过太多这样的笨老板。然而，这就是大多数人学习“直接起效”创作法的必经之路——从写一封不知道为何而写的短信息开始。他们看不到短信息背后更大的意图背景。当然，其中不少人也成长为了口碑不错的撰稿人，但他们的眼界仍然受到了遮蔽。他们永远不会真正成功。

这样不好，不是我想要的。这就是为什么我改变了我的教学方法的原因。

学写文案就像“香槟喷泉”

你看到过那种有点俗气的香槟喷泉吗？层层叠叠的玻璃杯堆起来，然后往最顶部的一个玻璃杯开始倒香槟。你把香槟倒进那只杯子后，闪闪发光的绚丽香槟酒就从顶部杯子里流下来，把底下的杯子全都盛满了。

学写文案也是这样的过程。

你要先从学写长篇文案开始，其他一切自会水到渠成，当你再写其他类型的文案时就容易多了。

吉米的问题就在于，他根本不知道他被要求写的两条短信息其实是一条完整长信息的一部分。如果他早知道这一点，他写起来就会容易很多，说不定也可以符合他那笨老板的要求了。

但等一等，什么是长篇文案？啊，对，我又讲快了。在我们深入探讨之前，我们需要做一些定义。所以，我说的长篇文案究竟是指什么？

“直接起效”文案的核心要素

在“直接起效”文案界里，你和不同的人交谈，很多术语会根据情境而产生不同的含义。刚开始你会觉得很难消化，不过别担心，这些东西很快就会变成你的第二本性。真的，在你读这本书的过程中，所有这些行话都会逐渐地但无一例外地装入你的脑袋。现在，我能做的最有用的事情是快速介绍一下“直接起效”文案创作法的一些核心要素，并做简要解释。

首先，我要向你介绍的是长销售信。

长销售信

这类销售信通常在 20 至 50 页之间，如果给各类“直接起效”

文案排个名，它无疑处于顶峰位置。

在接下来的几页里，我将展示给你看这类信件是如何运作的。我把内容分解成了便于理解的几个小部分，这样你会更容易跟上我的节奏，最终写出你自己的长销售信。当然，你可能永远不想，也不需要写一封那么长的销售信。但是通过理解这种信件的工作原理，将来无论你为点击付费广告、“脸书”，还是夹页广告等媒介写东西，都会很容易上手。

现在，你必须要懂得，这封长长的销售信其实只有一个功能——就是说服读者立即购买你推销的产品或服务。就这么明确。

你可能已经觉得，这不是常识吗？但请不要忘记，长销售信的终极功能是说服读者立即购买。你继续阅读下去，你会发现人们对于不同广告文案的功能都有非常细致的区分。我不想让你感到困惑。听我的，把这句话牢牢记在脑海里：

长销售信的功能就是说服读者立即采取购买行动。

行话方面，你有时会听到人们把一封长销售信的投递，叫作促销活动、促销、宣传袋投放或宣传袋等。但本质上它们讲的都是同一样东西。

邮件广告

还记得吉米和他被要求写的两条短信息吗？你知道，要让人们读一封很长的广告信，你首先得写一篇导引告诉他们去读。吉米的问题在于他不知道他写短信息的目的是要引导别人进一步去读一封更长的销售信。

要吸引人点开一封长篇销售信件，你需要为发给他们的电子邮件取很多名字。有些人称之为“邮件推荐”(即你在推荐一封销售信)，有些人称之为“提单”(这种说法可以追溯到直邮时代)，还有些人则简单地称之为“邮件广告”。

在这种情况下，写邮件广告的唯一目的就是确保读者以正确的心态去读长销售信。我们在之后的章节里还会谈到这个部分；这种方式很值得探讨。

“自动回复”广告

作为一名“直接起效”创作人，你会经常听到这个短语——但是它真正的意思是连续地、自动地发送一连串邮件广告。数字营销工作人员会使用“自动回复”系列文案来避免手动联系新读者：你可以设置一系列邮件广告，让新读者按顺序收到，目的也是为了让他们最终读到你的长篇销售信件。

准客户收集页面

也叫“登录页”，属于一种极其简短的营销信件。它们通常是一页或两页的长度，主要目的是邀请读者输入他们的电子邮箱地址，那么以后就可以给他们发送更多产品或服务信息了。

内容创作

这是指任何与整个营销活动相关联的文章或博客帖子。人们通常不会把文章和博客帖子当作“直接起效”广告文案的一部分。有人甚至将它们“打包”在一起，提升到只属于它们自己的一个专属地位。所以我们常会听到一些愚蠢的说法，比如“内容营销”。内容营销根本算不上一个独立的事物。所有市场营销都要涉及内容创作。就“直接起效”文案而言，我认为任何围绕同一主题撰写的文章或博客文章，全都属于整个文案创作项目的组成部分。如果你能在各种内容创作中有意识地播下“种子”，你就能赢。

上面这些就是你目前需要知道的广告文案所包含的要素。至于订单表格、订单确认和欢迎使用之类的内容，你现在去知道它们，还起不到什么作用。好了，回到我的观点。有关“直接起效”文案创作的一切——尤其是如何去学习它——都需要重新回到学写长销售信上。

你在邮件广告中用到的所有说服技巧，长销售信都用得着。你在准顾客收集页面中用到的所有心理学工具，在长销售信中也都用得着。所有自动回复营销的重复性原则，也会在你学写长销售信的过程中发挥作用。

这就是为什么我要把我所知道的，关于长销售信的一切知识都传授给你。因为在这一部分完全掌握了之后，其他一切都会变得简单很多。但或许你会感到，怎么我们只专注于这一种信件形式——或者进度有点慢，不适合你。请相信我，当你读完这本书，发现自己已经遥遥领先于竞争对手的时候，你会感激我的。

放松身心去阅读

在我们讲下去之前，我想让你花些时间认真阅读一封长销售信。它不会花你太长时间——大概 30 分钟就够了。读的时候，你不用一直想着要弄清楚为什么别人这么写，或者信息是如何组合到一块儿的。我只是想让你读一读而已。“直接起效”文案学习的第一阶段，是属于一种内生性学习。不要着急。相反，我希望你留点余地让内容沉淀下去，相信你的大脑以及大脑处理信息的能力，不用带着任何目的去阅读。

如果可能的话，读信的时候换一个环境。走到花园里去，或者躺在床上。只要找个舒服的地方，不会被打扰就好。这封信是我多年前写的，但是它非常成功，里面包含了很多出色的销售信所应包含的要素。虽然称不上至善至美，但也是一个很好的起点，毕竟靠着它曾有过可观的销售额。

这封销售信是为了推销我很多年前写的《写出更好的文案》，这本书也是旨在与读者分享一些业内秘诀。不要太担心信中内容的来龙去脉——这不是关键。就简单读一遍，然后我们再接着讲。

等你读完这封信，我们就可以步入下一段旅程了。但请务必确保你完完整整通读了这封信。如果你直接跳到下一个章节，你就会错过很多非常关键的内容。

我先给你一些时间来读这封信。我去给自己泡杯茶，一会儿我们再接着聊。怎么样？

“直接起效”广告文案专家，格伦 · 费雪，为你揭秘 20 逾种久经考验的创作技术，它们将大大改善你的销售文案。

写好营销文案的简单奥秘

无论你是在奋笔疾书一封销售信函，还是为网站或夹页广告撰写内容——你听从了我的建议，都能事半功倍。

之后，我还会给你做一对一的文案点评，手把手教会你怎么提升文案质量。

但在进入正题之前，我要先批评一种在文案界很常见的“谜之想法”：只有“高深晦涩”的作品才是佳作。这和我们多年来的语文学习习惯有关，我们总是在研习经典名著，扩大词汇量，试图雕琢我们的每一个遣词造句。

久而久之，便形成了一个不成文的规矩——那就是，如果你读不懂手里的书，是你的错。绝不是因为书的本身太过费解，而是你太笨，理解不了。所以你读得越多，学到的也越多，但你也浪费了很多宝贵时间，去读懂那些你根本理解不透的艰涩文字。

显然，我也做过这样的事情。

坐在我旁边的这个陌生人估计也做过。

如果你是一个文字工作者，那么你八成也干过这事。

别担心，这很正常。

唯一的问题是，如果你在历经了这一切之后，决定从事广告文案业，那你就死定了。

所以，从业之初，我从我的脑袋里驱逐掉的第一个念头，就是误认为艰深难懂的作品才是佳作。这也是我给很多行业新手培训时上的第一堂课。

很多撰稿人在工作早期，大概是为了证明自己是个“匠人”，常常会采用一些华丽但拙劣的词句。这种思路和做法必须掐灭在萌芽阶段。

事实上，光掐灭还不够，最好是拖到门外，压在地上反复踹打，直到再也看不到这种想法的踪影。

你必须理解，你是要把东西卖给那些根本不想听你推销的客户，所以你要尽可能得简洁、直接。你写信的时候，要像给爱人解释事情一样，带着随意、自然的语调。如果需要的话，你也可以长篇大论，但语气一定要自然。

只要你在写作中能够忠于自我，做你自己，那么你的信息——不管它承载着什么目的——都会闪耀着光芒传递到对方那里。请相信我。

记住，无论你是一个撰稿人还是市场营销人员，但凡涉及写文案，你的目的无外乎就是为了卖东西。

你卖得越多，就赚得越多。这个逻辑很清楚吧！

这也就是为什么，我们的销售信发出去，必须产生效果。

还需要说得直白点？不管你是为自己的产品，还是为别人的产品写推销信——很简单的道理就是，你的销售信越有效，你得到的报酬就越多。

基于这样的初衷，我今天不仅很想为你安排一对一的文案点评，还要向你分享 20 余种很便于上手的创作技巧。它们帮助我至少提升了两倍的客户转化率，销售额一路攀高。

关于这点，我可不是瞎吹的。从卖在线类的市场营销课程到推销猫王发型，我本人就是凭着这些写作技巧，实现了 1000 多万英镑的销售收入。我今天推荐的 20 余种技巧：

- **每一种技巧都久经验证，在实践中大大提升客户转化率。**
- **每一种技巧都轻松易懂，易于应用在任何销售文案，且完全不挑产品或服务。**
- **每一种技巧都可以被反复使用，只要你有需要，就能帮你提高转化率。**

无论你目前的创作水平如何，你都能使用这些久经验证的技巧来重塑你的文案作品，最终提高你的销量。

上面的话绝无虚言。

做一行，千万别自大。即使你的广告文案已经实现了百万美元的销量，你也总会发现一些你从未使用过的技巧，而它们又能轻易帮你卖了更多。

再次请你牢记，你的文案越有效，你得到的报酬就越多。

如果你已经是一名经验丰富的撰稿人，你一定能领会这一点。专家前辈给你的意见，总是多多益善。

当然，如果你是初来乍到，我相信你也能明白的。你一定懂得，学习成功案例和向优秀同行讨教，是你走向成熟的必经之路。

好消息是，你今天要学到的技巧，一定能为你带来焕然一新的行业视角和全新的技能配置，从而帮你实现远超你想象的销量——而且不需要你有什么特别的文案经验。

就像布兰卡写的那样：

对于初入营销界“惊涛骇浪”的菜鸟们来说，《写出更好的文案》简直就是救他们于生死之中的救生衣。我开始学写文案的时候，真的很渴望能有一套正确的工具来理顺脑子里混乱的信息。好在《写出更好的文案》帮了我。

记者兼文案作家，布兰卡

当然，在之后的一对一点评当中（我很快就会解释怎么做一对一点评），我还会和你进一步探讨这些问题，最终手把手帮你把创作水平提升到一个新的台阶。

之所以把这套技巧推荐给你们，是因为我看到过这些技巧在不止一次的商业场景中，将客户转化率翻了四倍甚至五倍。

想想这会给你的文案带来怎样的改变——

完全不需要从零开始
只要花几分钟“摆弄”一下你现有的
文案材料，你就可以获得翻倍的销售额。

更棒的部分是，你只要把其中一些技巧应用到位，就可以大大提升你的转化率，且这种效果“立竿见影”。

也就是说，你只需对手头的文案做一些快速调整，即可充分发挥这些技巧的作用！而且运用起来非常简便。

你完全不需要把文案重写一遍。

我的意思是，你在创作过程中肯定投入了大量心力，对吧！你最不想做的一件事就是推翻重来。

注意，无论我要教你什么技巧，我的初衷都是帮助你充分利用你手头现成的材料，而不是从零做起。

那么接下来，你可以先挑一两个我今天要分享的写作技巧，花几分钟运用到你的文案中去。最后把你升级换代后的销售信发给客户，看看效果怎样。

嘿，如果你想把旧版本和新版本对比测试一下，那就去做吧。

事实上，你完全应该这么做。因为只有这样，你才能真正地看到这些技巧的实践效果。不夸张地说，我百分之百确信用这些技巧调整过的广告文案，会比你原来的版本好很多。

今天，你会了解到的是：

- 在你写下第一个词语之前，必须做的一件事——这是不论写销售信、点击付费广告，还是网站横幅，在你落笔之前，你必须确保自己考虑到的一件事情。
- 好好思考你要卖的是什么，这能帮你写出突破性的响亮标题——这样的方式不仅会给你带来更多的订单，而且还能帮你省下不少时间，来享受依靠文案赚来的钱。
- 给你的好文案——那种可以卖得更多，转化更多犹豫不决的客户的文案，加上一个所谓“正确”的结尾，是文案写作的大忌之一，你一定要加以避免。

- 在一些句子里运用“开头把戏”的技巧，也就是在读者还没意识到的情况下，就将某个想法强加于读者的脑袋中——记住，这种方法不要过度使用，毕竟用多了，你的文案容易让人无法抗拒。
- 如何使用实验性写作技巧，让你的读者不仅想要买你的产品或服务，还让他们学到很多东西，甚至感谢你把产品卖给了他们。
- 如何妥善处理作者的形象，这是任何一封销售信成功与否的关键——甚至商场上最好的文案作者也会犯这个错误，并因此损害了他们的转换率。
- 一种我在为任何产品或服务写文案时，必然会用到的技巧——因为仅这一个元素，就要比我学到的任何其他元素都更有助益。
- 如何在一次岌岌可危的促销活动中，通过增添独特的同步确认环节，将其转变为巨大的销售成功——大多数人不会这样做，但是它很可能就是成与败之间的分水岭。
- 为什么在促销文案中，一个关键信息不能用超过十二个单词去表达（这里说的不是标题）——这听上去很简单，但当你看到这么做会有怎样的效果时，你就会毫不犹豫地一直保持下去了。

等你学完后，我不确定你会先用哪个技巧，但无论先用哪种，效果都是一样的——那便是，你的文案更奏效了。

嘿，别觉得我是“王婆卖瓜，自卖自夸”。要是你学下来，觉得这些技巧派不上多大用场，我也不会强塞给你用。

尽管我 100% 确信它们可以帮到你，但如果你拿起一本我梳理的文案创作指南，读了 60 天后仍然觉得它帮不到你，或者完全派不上用场，你可以得到全额退款。

我不会和你理论，或反驳你的意见。

只要你告诉我，确实没帮助，你就能马上得到退款。

我不想让你冒任何风险。说到底，你为什么要去冒风险？

我的初衷很简单，就是要教会你这些技巧，提高你的文案质量。

除了分享 20 余种创作技巧之外，还有：

你不仅可以让手头的推销文案变得更有效，
你还能掌握一些简单的“文案操练法”，
用来自我学习。

当然，这都取决于你打算怎么学。

你可以今天通读一遍 20 余种技巧和它们的使用方法，然后明天不再多加思考，直接付诸行动。

这都没问题。

但是，作为资深文案人，我知道你还要做得更多。

我很清楚为什么某种文案技巧能增加转化率，而另一种不能。弄清楚这些很有价值。我也花了好几年才弄明白究竟什么样的文案有效，什么样的无效。为此，我还参加了不少研讨会，花费巨大，到处出差；还花钱买了一本又一本教你“怎么做”的书。

在这上面投了多少钱，我已经不想去计算了。

不过，在比尔·邦纳、迈克尔·马斯特森和约翰·福德这样的文案传奇人物的指导下学习，以及深度剖析克劳德·霍普金斯、尤金·施瓦茨和盖瑞·亥尔波特等大师们的教学资料后，我认识到了一个看似简单，但却触及根本的道理——

真正想要提高文案写作的技能，还得依靠操练。

没什么比得上你在真实环境中去运用所学所想来得更有用，所以你必须“真正动笔”去操练才行。我知道这听起来并不“性感”，也不有趣。但这么做总有好处的，毕竟从长远来想，写好文案能帮你赚到很多钱，不是吗？

事实就是这么简单。

正因为如此，在这本指南中，我给每一个客户转换促进策略，都匹配了一套简单的“文案健身操”。想要锻炼“肌肉”，真正提高自己的创作能力，你应该试着去锻炼一把。

这些操练不仅夯实了我自己的文案写作技能，它们也被用来训练过一批如今已经非常成功的撰稿人，并帮他们收获了比他们想象中多得多的金钱。

所以，配合这 20 余种技巧，这套“文案健身操”一定能让你的文案效果更上一层楼。

记住，你可以在接下来的 60 天里好好操练一遍，测试每一套战术技巧。到时，如果你仍不能完全确信它们可以帮助你改善文案质量，你可以得到全额退款。我绝不多问一句。

也就是说，你有整整 60 天的时间来通读所有内容，然后在充分知情的前提下做出你的购买决定。

没什么“陷阱”。我的目的很纯粹，就是和你分享这些技巧。它们曾帮我收获超过 1000 万英镑的销售额。

再重复一遍，不管你是为自己的产品，还是为别人的产品写推销信——很简单的道理就是，你的销售信越有效，你得到的报酬就越多。

这就是为什么，我不仅很想为你安排一对一的文案点评，还要向你分享 20 余种很容易上手的创作技巧。它们帮助我至少提升了两倍的客户转化率，销售额一路攀高。

但现在注意：我们还站在学习的起点处，尚未出发。

文案促进计划 - 奖励1

你将收到一套独家视频，

亲眼看到我是如何“修复”那些写坏了的文案

这套视频是首次发布。事实上，没有其他任何渠道，可以看到这个独家视频系列。

但是今天，你在掌握了我传授给你的那些创作技巧之后，我就会发给你畅享视频的权限，不用你额外花钱。

我唯一的要求是，你不能把我在视频中分享的文案促进法泄露给其他人。

在每一个视频中，我都会分享我的独家秘诀。你可以看到，我是如何找到文案中的不足与问题，以及如何修复它们。

你将了解到：

- 三振出局法是如何运作的，它可以如何帮助你剔除那些让你的读者望而却步，使你丧失销量的枯燥词句——而且这个简单的策略可以立即在你的所有文案中付诸实施。
- 当你写完一封销售信的时候，你要如何从读者的角度，完全不带主观偏见地去审视它？——运用这个技巧的时候，你可要确保旁边没有别人，否则会看起来很奇怪，但我保证这会提高你的创作水平。
- 关于取标题，有四个要素你必须逐一审查，确保题目能够抓住读者的注意力，使他们感到自己不得不读——这个技巧帮助我一次又一次地将失败的促销文案重新包装成“大满贯”赢家。

现在填写信息，我就会带你进入一个专属区域，让你看到那些独家视频。你任何时候想看，看多少遍，都没关系。

但这不是你今天唯一能得到的奖赏。

文案促进计划 - 奖励2

挑一封你写的销售信发给我——你将得到个性化的修改建议，手把手教会你写出好文案

如果放在平时，这项服务会花费你 1000 英镑左右。

但就是这个价位，我也只为精挑细选出来的一些人，或者与自己比较要好的一些同行朋友做点评。

但今天，我的目的就是要尽我所能地帮助你。

因为，我真的希望这可以成为我们建立合作关系的第一步。

总结一下，你会收到一本我精心编撰的文案创作指南，掌握书中那些有效得惊人的创作技巧，同时还将获得“一对一”的邮件咨询机会。

我将亲自点评你发过来的一篇销售文案——不管是你刚刚开始写的新项目，还是效果不佳、需要改进的项目——并提供给你具体的、有针对性的建议，指导你如何调整和改进，最终帮你实现销售。

这将是属于你我的共同努力，目标是使你的文案更加优秀夺目。

事实上，很多和我合作过的撰稿人，在掌握了这套技巧之后，都写出了一篇又一篇有突破性的销售文案，赚回千千万万英镑。

我也要这么与你合作，使你的促销文案跃升到一流水平。

这只需要你立即填写你的个人信息。你还将进入专属会员区域，观看独家视频教程（我觉得你应该领取一套教程，不需要花费任何额外费用）。

填完信息，你就会收到详细指示，告诉你如何把你的广告文案发给我。我要做的就是和你一起，让这篇文案“焕然一新”。

也许你会质疑，我究竟处在一个什么样的行业地位，有资格去教授别人如何改进他们的文案？

好的，我来回答你。

关于文案写作，我所学到的一切
都来自于严格的“直接起效”测试，
它们足以证明一种文案要比另外一种有效得多。

说实话，我不想过多地谈论我自己。

因为这一切的目的是要帮助你。

但我明白，如果有人自称自己知道如何提升文案质量，人们最大的异议之一就是：凭什么你比我知道得多呢？

说句实话，如果我在生活中学到了一件事，那就是自己的所知并不多，但我确实对文案创作有一点了解，而且相比大多数人有一个明显的优势，那就是我发现的一切都是通过测试的。

我最大的客户之一是“阿戈拉”（Agora），世界上最大的信息发布商之一。你可能听说过。

如果没听说过，我就给你讲一下。这家公司是由真正的传奇作家比尔·邦纳和另一位传奇作家马克·福特（你听到他的笔名或许会更熟悉：迈克尔·马斯特森）共同创立的。

比尔和马克都亲自教过我，这是我人生中的一大幸事。更幸运的是，由于“阿戈拉”的客户规模够大，使得我能在一种难以置信的程度，将我的文案进行随机划分测试（也叫 A/B 测试）。

当然，我最初总结出的很多客户转化促进技术，都是基于我的直觉。但后来，我利用严格的测试，对这些技术全都进行了分析和检验。很少有撰稿人有这样的机会去这么测试，尤其是达到这样的测试规模。

虽然我可以继续夸夸其谈我作为文案作家所取得的各种成就——比如我靠着文案专长去过世界各地，到过很多我以前从未去过的地方——但这些并不真正使我有资格和你们分享我的见地。

真正重要的是，我与你分享的所有技巧都是经过大规模测试，并被证明的确能够提高客户响应率的。

所以，关键的一点不是谁来教你，而是你获得的东西的价值。

毕竟，你能否获得成功，完全取决于你每一个目标客户的响应。

现在，回到我们刚刚讨论的内容，你今天还将获得：

文案促进计划 - 奖励3
之后，你将定期收到关于提升
文案质量的电子周报——而且不花一分钱

除此之外，你已经获得了 20 余种“直接起效”文案促进技术，以及独家视频教程的访问权限。

还有，与我一对一合作的机会，共同改善一封你写的销售信。

关于这封电子邮件周报，内容是关于如何写出更好的广告文案。

在每一期的电子周报中，你都能了解到一个易于付诸实践的有效建议。设立周报的目的当然也是提高你的文案质量，为你带来更多订单，赚更多钱。

并且，希望你能读得很开心。我的意思是，这份周报的目的除了提供行业见地，也希望为你带来娱乐的感受。

下面是最近几期的周报内容：

- 和你的读者同床共眠，可以提高你的文案写作水平——别担心，这并不像听起来那么危险，也不是你听到的那种意思，但是当你想写出一个有突破性的销售文案时，这个方法真的可以帮到你。
- 伍迪 · 艾伦或许可以教你写文案——如果你只花时间阅

读那些曾经为广告公司工作过的“行业大佬”写的作品，你将一事无成。你要从最不可能的人那里寻找灵感。

- 为什么即使你认为不应该，也要重复自己说过的话——这是专业文案写作和网络营销中最有争议的问题之一，但是读者们会发现，为什么有时候违背规则是值得的。

接下来，你将听到最棒的一个部分。

即使你确定这本指南并不适合你，也不能帮你提高文案创作水平，

你还是可以继续访问视频教程；

你还是可以继续收到每周的电子周报；

你还可以获得一对一的文案点评，帮你改进那篇你不太满意的销售信。

也就是说，你今天拿到指南后，通读一遍，觉得它不适合你，然后要求退款，你仍然可以得到所有上述三份绝佳的文案促进奖励。

当然，我相信你不会申请退款的。

因为毕竟，你会觉得无论如何，都占了我的便宜。你付出那么少，却得到了那么多。

你看，你可以下载一本文案创作指南——我简单地称之为《写出更好的文案》——掌握 20 余种简便迅捷的客户转换促进技巧。我个人凭着这些技巧至少使我的客户转换率翻了一倍，销售额一路攀高。

你还可以获得一系列独家的视频教程——你不可能在

其他任何地方找到这些视频——在视频中，我将向你展示如何修复那些写坏了的文案。

你还可以通过电子邮件获得一对一、个性化的文案评点机会。我们将携手努力，改进你挑选出来的一篇销售文案。

你还可以收到充满行业洞见和专业建议的电子周报，直接送达你的邮箱。

而你今天需要支付的价钱仅为 19.95 英镑（或 30.98 美元，要是你在美国）。

这是一次性的费用。

绝对不含隐性收费。

而且你可以使用任何货币，通过 Clickbank 100% 安全地进行支付。

真的，就这样，你就可以获得客户转化促进策略，看到独家教程视频，获得一对一的文案点评，以及每周的电子周报。

这一切只需要一次性支付 19.95 英镑（或 30.98 美元，如果你在美国）。

想想看，仅仅将一个客户转化策略付诸行动，就能使你目前的客户转化率提升一倍以上。

还不止这些。当你知道，今天你会了解多少个转换促进策略，以及它们对你的文案会有多大的影响时，我希望你会认为这是一个明智的决定。

我的意思是，你好好想想，单单聘请我为你的文案进行一对一点评，就要花多少钱。你会收到极具针对性、量身定制的建议。

这还不止：

你还有整整60天的时间，用亲身体验来评估这一切，以确定能不能提升你的文案效果，为你带来更多销售订单。

听着，我真的希望提供给你的东西可以“多多益善”。

也希望你能感到物超所值。

但是你看，只要你今天决定试一试，看看这些久经验证的技巧能否帮助你改进你的文案，浏览一下这些独家教程视频，甚至参加和我的一对一合作计划，你仍然可以领回你的定金。

也就是说，在接下来的 60 天里，你可以在任何时间要求退款，然后得到 19.95 英镑（或 30.98 美元，如果你在美国）的退款。而我不会提出任何异议。

真的，如果你在接下来两个月里的任何时候，觉得这些不适合你，你可以得到全额退款。我绝不多问一句。

我一向认为，不适合你的东西，你完全没必要花钱去买。正如我所说，你仍然可以无限制地访问视频教程，你仍然可以通过电子邮件与我进行一对一的文案点评，你仍然可以继续接收我的电子周报。

对我而言，其实还要感谢你至少给了我一次机会。我真的很尊敬像你这样积极寻求提升的专业人士。

全新文案促进计划 – 奖励

免费获得我的五星级电子书，书中揭示了每一个“直接起效”文案撰稿人在执笔写作时，必须遵循的10条准则。

正如我所说，我真的想尽我所能给你提供建议和分享见地，帮助你成为一名更为成功的文案作者。

所以，如果你今天购买《写出更好的文案》，你就可以免费下载一本《现在就买：“直接起效”文案初学者指南》。

在这本轻松有趣的书中，你会了解到 10 个简单的技巧，使你的文案能够顿时鹤立鸡群。

你会了解到使用不同词汇来表达同一个意思的重要性，还将学会如何吞下你的创作自豪感。《现在就买》这本书，将为你未来的“直接起效”文案写作生涯，提供一个完美的垫脚石，助你成就未来。

下面是一些业内行家的读后感：

这绝对是我写“直接起效”文案的必备资源。格伦迷人的写作风格使我想一口气读完。甚至他的句子结构也让我明白了直接起效广告是如何运作的。如果你想通过写文案赚钱，现在就下载这本书！

撰稿人，伊丽莎白

非常棒的书。写得好（很明显）而且还有很多值得“画重点”的聪明建议。这本书无疑会被列入“需要再读一遍”的名单！

撰稿人，马特·R

我即将开办一个网站，要写一封“直接起效”销售信来推荐我的新书。伙计啊伙计，我真高兴我找到了它。我读过很多关于文案艺术的书，但我不得不说这本书真的是一件瑰宝。说到作者，格伦不仅是个勤奋、专业的文案撰稿人，而且很有文采，笔触幽默。能找到这么多层次的人才是多么令人欢欣雀跃。

企业家及撰稿人，“快乐的主人”

言归正传。今天的推荐很简单。

我的初衷就是和大家分享20余种快速且简便的客户转换促进策略。我个人曾使用这些技巧，使自己的客户转换率至少翻了一倍，销量大幅提升。

但是，如果在接下来的60天里你发现它们根本没用，你可以直接退款。

除了指南本身，你还可以访问我的独家视频系列，获得一对一的文案点评，收到我的定期电子周报……

你还会得到一本免费的《现在就买》。

这样梳理一遍，是希望你能意识到，你不会因为尝试一下而失去任何东西。

事实上，想想你试一试就能得到的一切。错过这个机会，是不是有点蠢？但这是你的选择。

就我而言，我希望你理解，这还只是我们开始合作的第一步。在以后的日日月月里，希望我们还能分享更多的真知与灼见。

还有一点很重要，那就是要记住，我今天要与你分享的每样东西都绝不是虚构或假设出来的，它们都是帮我写出优秀文案的货真价实的点子、技巧，以及一些“小把戏”。

你比任何人都清楚，你的广告文案越有效，你赚到的报酬就越多。

所以今天，为了提升你的文案转换效率，请点击这里的链接或下面的“现在订购”按钮，就可以以 19.95 英镑或 30.98 美元获得《写出更好的文案》。

现在订购

顺颂商祺

格伦 · 费雪

“直接起效”文案作家

《写出更好的文案》作者

P.S. 请记住，你只要填写详细信息，就可以下载《写出更好的文案》，你还可以立即访问我为你精心准备的独家视频教程，你还可以联系我们，预约时间让我通过电子邮件为你的文案“指点迷津”。

现在订购

P.S. 到目前为止，我还没有提到这个。这本指南本身还包含一份特殊的邀请函。你会获得一个机会，让你凭借你写的广告文案获得报酬。

我会在指南中解释一切，但大致意思就是，如果你能有效运用转换促进策略，你就有可能在未来几年都收到我付给你的版税！

这不是玩笑话。

这是一个严肃的商业提议。希望这意味着我们可以把我们的专业关系推升到一个更为互利的层面。

所以，赶紧抓住这个难得的机会吧。你仅需支付19.95 英镑（或 30.98 美元，如果你在美国）。

现在订购

读完了吗？很好，做得很棒。让我们进入下一章。噢，顺便说一下，我刚才泡的茶还真不错。

秘 诀

你应该在手边存一本“随身宝典”。它可以是一个文件，也可以是一个文件夹、一个 Word 文档，或者一只你画了错综复杂图案的狗。它的主要目的是保存你看到的广告文案。我是想说你保存的优秀文案。但实际上，你应该把好的坏的都保存起来。优秀的文案可以为你带来灵感；糟糕的文案可以让你避免再犯同样的错误。这就是“随身宝典”的意义：激发新的写作灵感，同时避免陈词滥调。保存一份好的文案案例，不仅是做保存这个动作，还要求你真正去运用从书中学到的观点和见地，落笔分析你保存下来的每一篇文案。等到将来你要用到“随身宝典”的时候，就可以参考这些读书笔记了。

第二章　机械学习的重要性

幸福就是对重复的渴望。

——米兰·昆德拉

属于文案作者的“成文仪式”

当我第一次告诉你这个技巧的时候，你八成以为我要疯了。听起来很烦人，但至少执行起来简单。而且，这是学习如何写好文案的最佳方法之一。不过问题是，当人们刚刚起步的时候，他们往往要么太傲慢，要么太懒惰，以至于很难真正做到这一点。那就太遗憾了。因为每一个和我有过交流的顶尖文案作者，都说自己曾经做过这件事，而且做过好几次。我越是回顾思考自己的学习历程，写的文案越多，就越发意识到这个技巧的重要性。

在你进一步深入、真正去践行那些获得点击的关键行动之前——比如给文案取一个强大的标题，想办法突出产品优势，或者引入诱人的提议等——你最好花时间做做这件事。

到底做什么？

将优秀文案手抄下来。无聊吧！也许看起来是挺无聊，但请相信我。如果你想驾驭“直接起效”文案的威力，这样做才能为你筑起最为坚实的基石。还有一位伟大的作家也是这么做的——海明威先生。他被认为是个杰出的作家。你听说过斯蒂芬·金，对吧！他写过不少畅销书。或者也许你更喜欢从另一个角度来看待你的作品，从巴拉德的角度？好吧，让我告诉你，他们三人都曾公开告诉大家，当他们开始写作生涯的时候，常常坐在那里用手抄写其他作家的作品。不只是小说家这样做。正如我所说，我所认识的所有优秀的文案作者都曾坐下来，抄写过同行写的促销信。

事实上，我要说的是，除非你手抄过至少三封不同的销售信，否则你就成为不了一名合格的“直接起效”撰稿人。这听起来很无聊，有些呆板，甚至毫无意义，但是请相信我，这样做一定能让你的文案撰写和鉴赏水平提升一个档次。

之后的一切都会容易很多。这不是什么大奥秘，听起来也不高端，但它就是很有效。你可能知道，这样的学习方式常被称为死记硬背。而且关于死记硬背的学习效果如何，争论也不少。很多人对此不屑一顾。但是在“直接起效”创作领域，这么做绝对有帮助。你看，一遍一遍地抄写一份文案，你就会开始沿袭它的文体、语法、句子结构和节奏。你会开始渐渐领悟其中的精髓。

当然，一开始你还不能领会为什么某种意思要以这种方式去表达——这要慢慢地领会才会“其意自见”——但是你现在可以理解的是，别人用了什么样的措辞，而你又可以如何模仿这种表达方式。

在抄写了好几篇长篇的稿子之后，当你再重新开始写一篇新东西的时候，你就会发现一切变得顺畅多了，就好像水到渠成一样。

拿起钢笔，把它抄下来

这个动作分为两个部分。第一部分很重要，如果你想从这本书中得到最大的收获，成为一个更好的文案作者，你真的必须这样做。

第二部分是第一部分的延伸，看似不是那么必要，但是我鼓励你还是要做，因为它肯定能提升创作能力。相信我，从长远来看一定会让你受益匪浅。

所以，首先，我想让你把你刚才读的那封长长的销售信抄写一遍。简单，是吧！再说一遍，我不想你在这个阶段想太多。你必须相信你的大脑——旅途中的第一步都是无意识的。别担心，在接下来的章节中，我们会介绍一些非常有技术性的东西，帮你把文案写得更好。

现在，就像我说的，我只想让你把销售信手抄出来，就这样。

警告：请保留你的手写版本，因为在后面的章节你还会用到它。

好的。这就是第一部分要求你做的，第二部分需要你做一点调研工作。

第二步，我要求你去找一些同样优秀的广告文案，并用手抄下来。如果你想知道什么样的文案才是有效文案，这很容易找到。基本上，如果你在很多场合看到同一篇文案，那么它的效果应该不错。要找到“直接起效”销售信的例子，请参阅第53页上的“秘诀”。现在，找一些文案出来，花点时间抄一遍，抄了一遍之后，再抄一遍。然后，如果你真的想做好这件事，就再抄一遍。

你不必一下子抄完。可以现在抄一点，过一会儿或过一阵子再抄一点。重要的是，你要写得和原文一模一样，并且尽你的所能多抄几遍。任何值得推荐的文案大师，只要他们够坦诚，都会告诉你要抄写。你可以听到世界上所有最伟大的创作秘诀，但如果你没有打下这个最基本的根基，那些秘诀将毫无用处。

如果你想真正理解让受众点击的艺术，并利用好“直接起效”文案的威力，今天就花点时间找出几篇成功的长销售信吧。好好研究它们。看看哪里做得特别突出，并手抄下来，抄越多遍越好。

努力做到这一点，你就已经比其他任何想成为文案作者的人领先一百步了。

相信我，现在就把这个任务做好——记住，只需要时不时抄一个小时，断断续续完成就可以了——在接下来的几周和几个月里，你会很快看到这么做的回报，因为你很快就能写出比想象中更好的文案了。

保持这个习惯

请注意，不要以为自己已经抄写了一两封销售信件，以后就再也不用抄写了。既然进入“直接起效”文案界，你就不能停止学习。

这个领域总会出现新的发展、新的技术和新的挑战，只有通过不断阅读新出现的文案——理想情况下每天至少读一封销售信——你才能不断提升并保持住领先的地位。

即使你在某天读到的全是“烂文”，你仍然应该读它们。好好拆解、分析一下为什么这么糟，确保你以后自己的写作不会犯同样的错误。事实就是：你总是可以从别人的销售文稿中吸取一些有用的东西，不管写得好还是差，就算不忍直视也要读。

请勇往直前。对自己许下承诺，从今天起每天至少阅读一篇销售文案。时不时地用手抄一遍。我保证，一定会有助益。

秘诀

要想找到成功的长销售信，一个很好的资源就是像 Clickbank 和 JVZoo 这样的网站。它们为产品或服务提供销售平台，显然，那里总是张贴着好几百封长长的销售信。不是所有的销售信都写得很出彩，但是你可以从销售数字中判断出哪些是值得借鉴的，或者值得抄写的。

访问：www.clickbank.com 和 www.JVZoo.com

第三章　了解你的读者

我拍电影的时候，我就是读者。

——马丁·斯科塞斯

了解读者的奥秘

人们常说，“你要了解你的读者”。这种建议乍听起来既没什么帮助，也没多大意义。但实际上，这里面的文章可不小。你仔细想想，当大部分人在说“了解你的读者”的时候，他们究竟想表达什么？就拿我的朋友很多年前在一场婚礼上，作为伴郎夹杂着“荤段子”的发言为例。按照我的理解，婚礼上人们在听伴郎发言时，都会理所当然地期待一些“荤段子”。当然，发言里肯定首先要恭喜新郎新娘，但言辞表达上完全不必那么“毕恭毕敬”。尤其是聊聊新郎过去发生的窘事丑事，向来属于一种不成文的传统。所以听完那位伴郎的发言，我个人觉得很有意思，在场很多人也听得津津有味。但有些人却不觉得有趣。这是怎么回事呢?

问题就在于,一场婚礼上总是聚集着“各色人等”:有老的、少的、厚脸皮的、怕出丑的、幽默感十足的或者性格刻板的。当然不仅仅是婚礼,这样的状况到哪里都有。但凡你不是在跟单独一个人做交流,就会面对这样的场景。比方说,你需要在一次园艺活动上,就灌溉的主题做一次演讲。记住他们说的了吗?要“了解你的读者”。没问题,这次你的读者是200名园艺师,人群分类清晰。你心里很明白,园艺师都属于同一类人,对吧!从事园艺行业的人,必然有一定的年纪,有着差不多的几项业余爱好,都喜欢某几天外出,都会被某几种笑话逗乐。换句话说,就是因为这200人都从事了园艺行业,你就认定他们属于完完全全相同的一类人。而事实真的如此吗?当然不是,因为每一个人都是不同的!

这本书又如何?你现在正在读它。那是不是意味着你和基思先生完全一样?他午餐的时候,会在贝辛斯托克安静的办公室里阅读这本书,对吧!所以,你们两个都会喜欢一样的电视节目,一样的喜剧演员,有着相同的音乐品位。真是这样的吗?见鬼啦!

你是一个独立的个体。你有自己的兴趣爱好,你的差异性决定了你是谁。老基思,在他安静的贝辛斯托克的办公室看书,他也有自己的兴趣和个性特质。就比如讲你和基思都是园丁,现在你不得不坐着听一个关于灌溉的枯燥演讲。你是不是会想把它弄得生动点儿?可问题是:老基思不喜欢。他喜欢聊聊枯燥乏味的灌溉话题。你应该看到了这个问题。

对听众演讲的四个技巧

1. 和一个人说话

不要试图一口气和你所有的听众说话，要先跟一个人说话。有些人会告诉你，你可以假想一个人出来——假想这个人是谁，干什么的，对生活有什么样的追求等等。但这不是一个最好的办法。何必虚构一个人出来？这没必要。就想象和你对话的是你的一个真实的朋友。有时你的好朋友会不同意你的观点。但是你会改变你对他们说话的方式吗？不会。因为和朋友交流总是坦率真诚的。对大范围的听众讲话也应该是一样的。记住，要做真实的自己。

2. 传递的观点高于一切

你要传递的想法总是最重要的。有些人可能不同意你的观点，也有些人可能全心全意地认同，但是你绝不应该让别人的观感、想法来左右你的思路。你必须对自己的想法保持忠诚。如果你相信你所说的话，你就能有理有据地与任何有异议的人争论。

3. 避免引起不必要的冒犯

平淡无奇确实不好，但你也切勿使用不必要的冒犯性的语言或讲一些冒犯性的故事。举个例子，人们都知道说脏话会让很多人反感，而且也无助于强调你的立场或观点（记住，你的观点想法高于一切）。虽然你可能常爱说几句脏话，但是当和大众交流时，值得冒这个险吗？你很快就会发现绝对不值得。

4. 忠于自我

人们喜欢将简单的事情复杂化。当你在和很多人交谈或者给别人写信的时候，你总是被期望着，能假装出一套很专业的表述。别这样。如果你告诉你的伴侣你爱他，你会采取一种很专业的表达方式吗？——“我可以冒昧地向您表达我的爱意吗？”或者“您今天的穿着达到了很高的审美标准。”你肯定不会。这样说会使你更有说服力吗？不会。事实上，反而会降低效果。“我爱你”“你看起来太美了”，才显得更情真意切，也更有效。

记住，按照你在正常情况下的正常状态，去说话或写文章。这样你才能更真诚、更有效地表达你的想法。

确保“回头客”

我是那种你经常会在破旧的酒吧门口碰到的，刚刚看完5英镑一场的摇滚音乐会的人。但在这里，我跟着人群涌进了谢菲尔德体育馆，准备看德雷克的演出——他可以说是继肯德里克·拉马尔和坎耶之后第三位最成功的说唱歌手。

有趣的是，我不经意间已经积累了相当丰厚的现代嘻哈知识。我看过肯德里克·拉马尔、迈克·米勒、A$AP Rocky、2 Chains 等的演出。有些我真的很喜欢，有些则不过尔尔。

但不管怎样，我在这里——挤在谢菲尔德周围那些身着破洞衣衫的年轻人当中——准备去看嘻哈界的第三大热门人物：加拿大说唱歌手德雷克的演出。但没想到，我接下来还有一个意外收获。我将亲眼见证，“营销高手”是如何来吸引他的观众的。德雷克对这场演出尽心尽力，大部分的热门曲目都唱了，而且表演本身也充满激情，但是真正让我印象深刻的则是，这家伙对观众的强烈意识。

要不要再来一场？

在商业领域，获得“回头客”，向来是一个让你长盛不衰的终极秘诀。事实上，让一个客户付两次钱，总是要比开发一个全新的客户容易很多。这也就凸显了写好续购文案的无可比拟的重要性——所谓续购文案，也就是为鼓励客户重复购买而写的广告文案。这也是德雷克让我印象如此深刻的原因。他做了三件事，相信你听后会有所领悟。

首先，在节目的大部分时间里，他都让观众的影像被投射到舞台后面的大屏幕上。先不说这些画面的画质好得出奇，而且它给了观众一种奇特的感觉——似乎同时在观看现场 DVD 和现场表演。我相信每一个看到德雷克身后屏幕的人，都会赶紧去买一张现场 DVD，看看自己会不会被拍进去。

他做的另一件聪明事，是邀请一位相当强壮的女士上台来，然后为她唱小夜曲。现如今，这种小把戏不算罕见。几十年来，演艺歌手们经常会把观众叫上舞台互动，为他们演唱。但德雷克聪明就聪明在，他没有邀请你通常期待的那种女性上来。

如果你看过那种流行音乐 MV，你就会知道他们往往偏好于找一些极瘦的女人出镜。相反，德雷克向一位身材硕大的女性唱了小夜曲，而且唱得很真诚，一点也没有隐含什么别的意味。不管他是不是出于“愤世嫉俗”的想法——厌恶社会对于苗条女性的一贯偏好，他的这个做法，都使自己获得了各类体型的女性的喜爱。让每一个人感到机会平等，梦想着下一次轮到她们自己。到目前为止一切都很精彩，但真正的杰作还在结尾处。

德雷克大部分时间都在舞台上表演，但到了最后一个小时，他突然在人群之上绕着从天花板降下来的液压跑道，边走边唱。像这样进入人群，视觉上真是很美，但是最妙的事情是他在人群中做了什么。你看，他绕着跑道蹦蹦跳跳，对观众中能看到的所有人（大多数是女性）进行了即兴的饶舌说唱。这个精彩表演持续了 30~40 分钟。

他指着一个金发女孩，告诉她她是有多漂亮。他指着另一个穿着粉色 T 恤的女孩，告诉她她是有多么性感。他指着那个穿德雷克 T 恤的家伙，感谢他的支持。现在，我希望他是一边走一边在想怎么唱，但是直觉告诉我他唱出来的一切都符合统一的音韵规律，也就是在任何一个晚上都可以重复。（或许我这么猜，只是因为心里发酸。尽管我是唯一一个穿花呢夹克和戴围巾的人,但他始终没看到我。也可能是我没找到从人群中脱颖而出的方法。）

值得注意的是，像这样四处走走，指着别人说唱，德雷克很聪明地以一种非常直接的方式鼓动着“复购生意”：所有认为德雷克点到他们的女性（当然也包括男性）无疑会很快买下他的下一张唱片。因为他们已经建立了心灵上的联系。

这样做也的确起作用了。截至本文撰写的时间点，德雷克的第二张唱片在美国售出约 220 万张，花了两年零四个月时间。他的第三张唱片在美国卖出了 150 万张，但仅仅用了六个月时间。

很有趣，对吧！回到广告文案，我认为这里有一个很好的经验值得吸取：你要始终想办法与你的听众互动。你要让他们成为你讲的故事的一部分。如果你能在最初发出的引导信息中就做到这一点，你就是赢家了。

同样的技巧，你也可以在销售写作中加以运用。怎么用？嗯，正如我之前说过的，你应该好好评估你的听众，了解他们有什么共同的想法，有什么共同的信念，做过什么共同的事情。当然，正如我们早些时候看到的，你不可能了解你所有的听众。但如果你能参考这些特别的东西，并让听众产生一种你讲到他们心里去的错觉，就很棒了。这都需要你做好调研工作。事实上，如果你和你的受众产生了沟通障碍，我敢保证这与你的写作技能无关，而是你没能好好研究你希望交谈的那个人。

我并不建议你去听德雷克的歌。但我确实建议你学习他的营销技巧，用很让人信服的方式与客户建立起心灵联系，确保他们不断地回购专辑和演唱会门票。

最妙的部分？看完德雷克的演唱会的几个星期后，我和我哥哥，还有他的女友在伦敦吃饭。我提到我去看过德雷克的演唱会。我哥哥的女朋友，一个超级德雷克迷，告诉我她也去了，但是她去的是曼彻斯特那场。“怎么样？”我问。“哦，格伦，太神奇了，”她兴奋地告诉我，“他走进人群，指着观众说唱。然后走到我们站着的地方，我穿着这件黄色的连衣裙，向他挥手，然后他也向我挥手并对着我大叫！”

“说服人”的挑战

我在佛罗里达州的德雷海滩实地走了一圈之后，写下这个部分。我在那里参加了美国作家和艺术家协会（AWAI）举办的文案创作大会。由于这里是很杰出的信息出版商的聚集地，多年来我经常来到这里，与“直接起效”文案界的翘楚们谈谈行业最新进展。但这和我前面说的要你去做实地考察没什么关系。我要讲的问题来自一次与业界人士的探讨，关于理解“直接起效”文案究竟意味着什么。跟我探讨的那个家伙，告诉我说，理解“直接起效”文案就是要理解如何写一封长销售信。并且他坚称，基本上这两者就是等同的。我不同意，而且强烈反对。

当然，作为一名“直接起效”文案撰写人，写一封长篇销售信件的能力是十分有用的，因此我们这本书的重点也放在写长销售信上。正如我之前所说，“直接起效”销售信函的所有关键要素都要从理解如何写一封长销售信开始。说到底，“直接起效”文案和长销售信之间的确有着非常密切的联系。历史上，这两个短语是相辅相成的。

我估计，这种关联的逻辑是这样的：如果你花时间用长篇文案说服了客户，那么你就更有希望获得对方的直接响应。但问题出在，这种把“直接起效”文案和长销售信天然联系在一起的想法，很容易造成和刚才那个伙计一样的思想误区。实际上，就写销售信这件事而言，它在技术应用层面只覆盖了“直接起效”创作的一个部分。

要真正理解“直接起效”文案，花时间领悟事物的感性一面，其实更为重要。你知道，要成为一个真正的“直接起效”创作大师，你需要懂得什么能让人兴奋。或者，换句话说，你需要深入到影响受众的因素当中，去探究其背后的心理因素，而不仅仅是考虑表面的购买决定！

记住，作为一个文案撰稿人，你正在把信息传递给每一个真实的人。你需要探究是什么促使他们做出各种决定，比如某天穿哪双袜子，或者走哪条路去上班。你必须花大量的时间去研究你的读者，或者像他们通常被叫作的——人类。这就是为什么我建议你去做一些实地考察。在下一章节我会告诉你去哪里实地探访。

我的目的是要你明白，“直接起效”文案创作不仅仅是关于写一篇长销售信，然后鼓动人们买你推销的东西。它是关于向一个人提出一个想法，并说服他们最终采取与之相对应的直接行动。这才是“直接起效”文案要素的来源，与销售信的长度或形式没关系。

销售信不过就是一种形式。就像点击付费广告，或者准客户收集页面，或者从杂志页面角落剪下来的优惠券，是另外一种形式。没错，我在本书后面介绍的很多写作技术（例如简洁的语言、清晰的句子结构），就可以很容易地被应用到任何形式的“直接起效”文案上。

要少关注形式，多关注读者的建议，几年前广告专家戴夫·特罗特。在伦敦专业文案撰稿人网络大会发言时，就提过同样的建议。他探讨了各种社交媒体平台，但主要想表达的意思和情感是一样的。“脸书”、“推特”和“色拉布”等社交媒体平台——不过是向读者传递信息的形式。形式有可能会改变，但读者始终不变。因此，特罗特建议你应该把研究重点放在读者身上，而不要仅仅关注承载信息的形式。

信息发布巨头“阿戈拉”的创始人比尔·邦纳在美国作家和艺术家协会的一次会议上做主题演讲时，也呼吁人们要更多地关注读者。他建议好的文案应该让读者做英雄。我同意。

秘诀

写广告文案的时候，你可以脑补一个具体的读者。关于这位读者的背景信息越清晰越好。我建议你索性选一名家庭成员。你决定要找谁，这取决于你要推销什么样的产品或服务。如果产品针对的是老一辈人，那么写的时候，就感觉你在和你的祖父说话一样。如果目标读者是十几岁的孩子，你可以找一个弟弟/妹妹或侄子/侄女。把你的文案“瞄准于”某一个特定人物，可以让文案更有真情实感，也会让更多的读者有代入感。

第四章　做好产品调研

灵感的闪现稍纵即逝。但当你找到的时候，千万别错过。

——鲍勃·迪伦

你写得真实吗？

现如今，人人都爱这么问上一句。我发现，海明威的作品对文案写作真的很有用。如果你不经常看他的作品，你应该好好读一读。你会从《老人与海》中学到很多，至少比看那些垃圾文案书要有用得多。

不过每每谈到读海明威的作品对写文章有什么帮助时，人们的关注点总是落在简单的句法运用上。提出的建议常常停留在技术层面：保持语言简洁，尽量写短句子。

但是某天，当我坐在克利索普斯的一家小咖啡馆里看书时（这是位于圣彼得大道的一家叫作“河头咖啡”的小店——如果你感兴趣的话，我可以告诉你，我点了一杯非常不错的咖啡），偶然发现了一段文字，它所讲述的理念正是我平时试图教给新文案作者的一些东西——它们很难具体形容，也没有技术上的指导意义。你可以先读一读，体会一下：

“如果一位散文家对于他想写的东西心里很有数，那么他可能省略他所知道的东西，读者呢，只要作家写得真实，会强烈地感觉到他所省略的地方，好像作家写出来似的。冰山在海里移动很庄严宏伟，这是因为它只有八分之一露在水面上。一个作家因为不了解而省略某些东西，他的作品只会出现漏洞。”

这段文字摘自海明威的关于斗牛的小说《死在午后》——一本极好的书，我极力推荐。海明威在书里蕴藏的真情实感，也很值得注意。你看，作为一个文案撰稿人，如果你能做足调研，真正理解你要推荐的产品或服务，并且以情真意切的方式去描绘它们，读者自然会感受到你对产品或服务的信念。

说具体点？我真的说不出来。我只能称之为好文案的魔力。我知道这样说有点悬乎。但说真的，这种感觉真的没法——也不应该——被清晰描绘出来。这是一种感觉上的事情。有些人就是能做到。而对于其他人来说，则需要花更长的时间才能做到。比方说，有个人带着你走入很深的花园小径，你从他们的语气，他们使用的语言，或者他们的眼神中可以看出某种东西。他们的微笑，是不是泄露了某种特别的意图？不管这个意图是什么，总让你感到有点不对劲？就是这样的，只不过这种感觉发生在阅读文案的过程中。正如我所说，这实际上是一个关于真情实感的问题，就像海明威在摘录中提到的那样。

别误会我的意思，世界上最好的文案作者都很擅长扮真诚，而且在他们职业生涯的某个阶段也一定会去这么做。但我敢说，你随便问一个文案作者，他的某一篇成功文案为什么看上去那么情真意切？他一定会告诉你，那是因为他自己真的相信那个产品。

听上去有点麻烦了。原来写出成功的文案并获得所有的关键点击背后，并没有什么私家秘诀。正如海明威所说：你只需要写得足够真实。那么反过来理解就是，如果你很懒，总想着如何绕开那些你没有费心去调查的细节，读者也同样会感觉到的。他们会觉察出你文案中的这些漏洞。你可以把那些有漏洞的地方看作是读者对你“无声的反对”。

不要吝啬你的研究。毫无疑问，要写好广告文案，最简单的捷径就是深入了解产品或服务本身。借用海明威的隐喻，你要探寻冰山的底部，去理解它、欣赏它。然后，你再去和别人分享你的发现时，由于你知道了更多，你就能写得更真实。这样一来，你的读者也会像你一样，对你推荐的产品或服务产生一种强烈的情感。或者换句话说，他们会想买。

不离开家你就学不到多少东西

现在，我想让你去做一次实地考察。这次旅行不是去任何特定的地方，但是无论你选择去哪里，唯一的要求就是那里必须聚集着很多人。我推荐一家当地的咖啡馆或者超市，或者那些规模稍大、开放式的商业街上的银行。关键在于你能观察别人。确实，那正是我想要你做的。五分钟，半小时，反正尽可能长一点，去观察别人，看看他们面对选择时的反应。

如果你选择咖啡馆——看看人们是如何分析菜单的。或者他们是否已经知道自己想要什么，无须咨询服务员？他们会问服务员问题吗？也许他们期待排在前面的人来引导他们？你就观察观察，思考一下。在这样的情况下，人们正在积极地做出选择，你可以看到人与人之间的相似性，然后写文案的时候就把他们作为目标受众。或者，简单点，你就注意那一类跳过食品菜单，直接选酒水的人。你在针对他们写文案的时候，可以考虑到这一共通点。

超市也同样适用——为什么某位购物者会选择X品牌？他们停顿了吗？他们细读产品信息了吗？他们选了两种不同牌子的谷类食品，并比较它们的营养成分了吗？你就观察一下，思考思考。你可能会发现一个有趣的现象，人们常会首先考虑某类商品的高端品牌，然后放在手里反复琢磨，最终拿走了更便宜的超市自有品牌。这样的过程反映出潜在客户对品质有一定的追求。他们希望自己能负担得起更昂贵的东西。你可以在写文案时传达出这种情感。

在银行里，你也很容易观察到人们做出选择的过程。看看他们决定存多少钱？他们在考虑取多少钱出来时，是不是都会迟疑一会儿？你可以看看，他们选了哪种支付凭证？你只要观察一下，思考思考。对于大多数广告文案来说，其终极使命都是让客户以某种方式花钱。这就是为什么观察人们如何处理钱是件很有趣的事情。如果他们在银行里保护自己的信用卡信息，那么他们在网上购物时肯定也会很小心。理解了这种情绪以后，你在写文案时就可以照顾到他们的担忧。

当然，在外考察时，尽量不要显得很突兀。万一装得太失败的话，就开始玩手机，假装你收到了很有趣的消息。很少会有人关注玩手机的人。不管别人怎么看你，我真的希望你能接受我的提议，做一次实地考察。在超市里转悠听起来很愚蠢，但是花时间观察你的顾客却是极为重要的。只有在细心观察的基础之上，你才能进一步深入研究，挖掘出影响人们决策的情绪因素。

记住，充分理解你的读者，你才能写出更有效的文案。至于文案是直接还是间接，是长还是短，是线上还是线下，并不重要。形式不重要，只有读者才是最重要的。

普遍真理

你在法国诺曼底。你远离任何真正的文明，那里只有一些古老的砖砌建筑，坐落在蜿蜒的道路和干草田旁边。其中有一栋老建筑是16世纪的大城堡，由信息出版巨头“阿戈拉”的创始人比尔·邦纳所有。城堡里聚集着来自世界各地的文案撰稿人，他们的目的只有一个：探讨文案写作、交换心得。在那里，你会知道什么样的标题是有效的，什么样的是无效的。你会看到那些能对顾客订购过程产生巨大影响的说服技巧。你将看到定价策略如何彻底改变你处理文案的方式。你会很欣喜地遇到来自印度、巴西、阿根廷、西班牙、澳大利亚以及中国的文案作者，了解大家在各自的特定市场，都面临着什么样的挑战。但是更有趣的是，当你探寻到表面以下时，你会发现这些挑战实质上都是一样的。

你到底写的是什么？

我是在几年前才开始踏入“直接起效”文案界的。当时，在听很多文案作者向我解释他们的项目时，我就意识到了大多数撰稿人都犯着同一个重大错误——尤其是那些更“菜鸟”的撰稿人——那就是他们根本不够了解自己推销的产品。

当你能用真情实感写一些东西的时候——不管是你用过的产品、听过的歌曲，还是一种内心情感——那种魔力就发生了，这简直是没法培训出来的。当你的感情够真，读者自然就会感觉到。

然而，很多文案撰稿人——不管是新手还是老手——都存在这样一个问题：他们将文案写出了一种“应有的样子”。也就是，他们在读了很多文案案例后，渐渐就学会了这种内容和形式的套路，随后他们写出来的作品和别人的标杆作品就变得一模一样了。这时候，那种魔力就消失了。不真实，根本就是抄袭。

等你准备好了再写

我自己也遇到过这个问题。那年，我想攻读“创造性写作”的硕士学位，于是写了一篇短篇侦探小说交给我的导师。非常不错，他说，只是你写得和保罗·奥斯特一模一样。我感到很惊讶。什么意思？那是件好事，不是吗？我爱保罗·奥斯特（现在仍然如此），所以能写出一个奥斯特式的故事是一种成就，不是吗？当然不是。我不过是在模仿一些好的东西。纯粹属于仿冒得不错，但假货就是假货。这个故事必须用我自己的声音、我自己的情感重写。所以当时我就感到，自己还没做好攻读硕士的准备。我需要做更多的研究。我需要更多地了解自己，找到自己的声音。我需要努力深挖，找到自己的真情实感。我建议你也要这样做。

现在还不要开始写作。你知道，无论你的资质有多好，我相信你还要再多做点研究。关于你写的产品，你可以再挖掘挖掘，到时和你的读者分享你的想法时，才能“镇”住对方。要做到这一点，你需要不断问“为什么”。不断深入到故事和产品的背后。尽可能多地搜集信息，不停问自己为什么。问问那些试过产品的顾客，为什么喜欢它。多问问出品人，为什么当初想要生产它。

例如，如果一个健康产品的出品人认为你不应该使用处方药，问他为什么。当他告诉你这是因为他读了一本关于这个主题的书，问他为什么一开始会去读那本书。当他告诉你一个在乌干达小木屋里行医的当地萨满教士给了他这本书，你已经有了一个更原汁原味的故事了。

又或者，如果一名金融报纸编辑告诉你应该投资黄金，问问他为什么。当他告诉你这是因为金价一直在下跌，他认为金价会回升，问问他为什么。当他告诉你，他刚刚花了两周时间，与牛津、剑桥大学的精英经济学家一起解构了英格兰银行的货币政策时，你正在走向一个更真实的故事。

我的意思是你必须挖得更深一些。仅仅了解关于产品的大致概念，知道成本多少，客户得到了什么，然后将它们套进经典文案框架里面，这是不够的。

你需要比卖东西的人更了解你推荐的东西。这像是一个不可能完成的任务，但请把目标树立得高一些！当然，这意味着眼前要干的活变多了。但这么做最终会为你带来回报。

☞ 秘诀

接到广告文案项目时，你应该总是将调研工作分成两个层次。第一层是基础研究本身。这包括翻阅文献和网站资料搜索。假设你现在要为一家沙发公司写宣传博客。这家沙发公司最近开始向一家全国性的咖啡连锁店供应沙发，他们想把这件事宣传出去，让其他寻找新沙发的咖啡店都知道。于是，你开始在网上搜索一些行业趣事，你知道了这些沙发是如何被制作出来的并感到很有意思。在一级研究的这个阶段，因为你不是专家，而且你可能只是在网上找材料，所以每件事看起来都很新鲜，很有趣味。但事实上,沙发业和那些想买新沙发的咖啡店，几乎人人都知道沙发的制作流程。这对顾客来说不是新闻，这只是对你——文案撰稿人而言很新鲜而已。

这就是为什么，一旦你完成了第一阶段的研究，你就必须再做一次。你必须挖得更深一些。你需要进一步调查你发现的兴趣点，哪些属于业界皆知的，哪些才是真正的新发现。这里的关键是要理解第一层研究的价值，它让你对目标行业快速上手。接下来，你就要推动自己，深入到第二层研究，挖掘出真正深层次的东西。

第五章　好想法的重要性

我先是有一个想法，然后这个想法逐渐发展成了其他东西。

——巴勃罗·毕加索

从“想”开始

在开始写作之前，你需要找到一个切入的角度。但怎么找到它呢？大多数营销从业人员都会告诉你，任何商业活动要想取得成功，都必须依靠测试，但光靠这一点是不够的。为了解释清楚，我恐怕要寻求理论物理学家的帮助了！嗯？！

信不信由你，成功的市场营销和基本科学原理有着很多共通之处。理论物理学家理查德·菲利普斯·费曼在他的《费曼物理学讲义（又译作《费恩曼物理学讲义》）中写道：“所有的知识都要靠实验来验证。”他的这本书里，这句话非常突出。但更有趣的是费曼接着问：“……那知识的来源是什么？”以及“被测试的定律又来自哪里？”乍看起来，对于一本关于“直接起效”文案创作法的书，这些问题有些过于深奥了。但实际上，你通过一个简单的“三阶段循环”工具就可以回答它们，而且这个工具可以帮助任何类型的企业提升营销效率。

所有知识都要靠实验来验证

举个例子，你写了一本关于男性减肥的新书。不错，好东西。现在你需要向人们推荐这本书，想办法卖掉一些。于是你开始写广告稿。问题是，你打算如何推销这本书，向谁推销？当然，你的第一个想法可能是向男性推销。你想减肥吗？没错，那你就要买这本书！

但等等，你从哪个角度入手？——你可以选择吓唬男性，让他们不敢不买书——如果你不读这本书，你会变得更胖；或者你也可以用希望来引诱他们——如果你读这本书,你会变瘦。哪个角度比较好？这里我们回到费曼的原话：“所有的知识都要通过实验得到验证。”所以，你要做实验。两个角度都尝试一下，看看哪一个效果最好。

然而，实验只是帮助我们得出了一个“线索”层面上的结论。比如实验中给予恐惧感的切入角度最有效。男性害怕自己一直胖下去。这条线索其实“暗示”了更广泛的可能。

成功营销的三阶段循环

费曼接着说，我们还需要：

“通过想象力从这些线索中创造一般现象——猜测现象底下那些奇妙、简单但非常奇怪的形态模式。然后再次实验，以检验我们是否做出了正确的猜测。”

我们已经有了线索。男人害怕增加体重。现在我们必须发挥想象力。我们必须挖得更深一些——为什么男人害怕增加体重？是因为他们怕自己没有吸引力吗？可能是的。然后我们得出，男人减肥的目的是想吸引女人，所以一个好的猜测是，要想卖好减肥书，就要把宣传重心改为帮助男人吸引女人。还有另一种猜测，男人担心如果他们超重，女人就不会喜欢他们。这种假设有理有据。所以我们可以继续猜测，女人对男人的体重很感兴趣。那么，会不会有女人想让她们的男人减肥呢？我们能把这本书对准那些女人吗？“你的男人腰部有点松垮吗？他当然有点，这本书可以让他变瘦！”为了验证这些猜测，我们再次进行实验。

为了说明问题，我们假象一个实验结果：我们最终发现男性减肥书籍在女性群体中卖得最好。这是一个全新的一般现象——这个现象可以帮你赚到更多钱。如果没有实验、想象和测试，我们可能永远不会发现这一点。我们可以把这三个环节看作是一个重复的循环。初步实验为想象提供了燃料，想象又为测试提供了思路，测试结果又激发出了新的实验机会。

无论你目前处于哪个业务领域，为了发现伟大的一般现象，找到最有效、能带来最大利润的营销法则，你就应该遵循这个简单的三阶段循环过程：

1. 做初步实验。试一试，看看会发生什么。

2. 经历想象的过程。实验带来了什么线索，“暗示”了哪些更大的想法？进一步思考，猜测更大的想法可能是什么。

3. 测试这些想法。看看你的猜测是否正确。

重读奥格威

在写这本书的时候，我重读了大卫·奥格威的《奥格威谈广告》。这是一个极其有用的资源。奥格威在书中探讨了很多想法，如果一一给你讲完的话，估计要花上一整天。现在，在这几页书里，我打算就只分享一个奥格威反复讲到的大概念。它是很简单的、常识性的东西。但棘手的部分在于，你很难记住要坚持这么做。这很难，我也经常走岔，最终违反了这个基本原则。这个原则说的是，你在传递你的想法时，千万不要耍小聪明。

无论你要传递出去的是什么东西——建议、新闻、产品或服务、设计思路——记住，你的想法必须在信息中处于最优先的位置。作为一个很有创意的人，这是一种极难吞下的药丸。自然本能会鼓动你尽可能地保持原创性。这在商界是个大问题。当然，创意总是有一席之地的，新的方法如果真的有效的话，也总会找到出路。但这种对创意的渴望往往意味着，很多已经被证明有效的想法却被你丢弃了。

我经常犯这样的错误：试图用一种原创的方式来表达一个想法，到头来这个想法反而被弱化了。我试图耍小聪明，却没能把这个想法有效地传递出去。如果我能好好看看别人的成功经验，忠于简单，专注于想法本身而不是传递想法的形式，我应该会更加成功的。为了确保你能有效地传达你们企业的想法，请一定保持简单，参考已被证明有效的方法，最重要的是不要耍小聪明。

你可以试着保持原创性，但你赚不到钱

问题是，人们喜欢原创。他们喜欢想出新的方法来传递自己的想法。

几年前，我在电影院里看到一个“绝对伏特加”的广告。你见过吗？这则广告一直伴随着人们的拥抱、亲吻和握手，而没有花钱买什么东西。最后宣称“这是一个绝对的世界”，我们应该买“绝对伏特加”。

也许我遗漏了一些东西，但是在这条信息之前的一系列图片，都与信息本身（买伏特加）毫无关系。坦率地说，广告让我忘了信息本身，令人困惑。可以这么说，要是我错过了主要信息，一定还有很多像我一样的人，这就意味着有一部分观众根本不知道广告在讲什么。

根据“绝对”团队的说法，广告“描绘了品牌所设想的更加充满活力的世界场景，拥抱（广告）传达了一种社区精神，暗示在‘绝对’世界里，金钱可以被善良的行为所代替”。好，好，那你告诉我，这和伏特加有什么关系？给我找出一个认为喝伏特加能使人产生除醉酒以外的任何感觉的人来。主要消息在广告中被丢失了。这一切都是因为该广告的导演——其先前的作品包括布兰妮·斯皮尔斯（Britney Spears）和坎耶·韦斯特（Kanye West）的MV，以及幕后的创意人物，都认为他们必须要有创意。

所以一定要记住，把想法放在第一位，而不是传递想法的形式。一定要坚持这么做，你才能将你的建议、新闻、产品或服务、设计思路有效地传递出去。

“中情局”（CIA）发现好想法的秘诀

在你写任何一篇文案之前，你都要弄清楚你有没有一个好的想法。如果你的想法很烂，那么你的文案也会很烂。更糟的是：一个坏想法会使写这份烂文案本身也变得困难。

反过来：如果你的想法足够好，那么写文案也会更快、更容易。而且很可能，你的文案也会更有效。所以，在你真正落笔之前，你需要能够识别出你的想法是否足够好。幸运的是，我想出了一个简单的三步法来帮助你识别好想法。对了，纯属偶然，它们正好对应了中情局的三个缩写字母 CIA：证实（confirm），告知（inform）和让人震惊（astound）。

证实

你的想法必须是内在健全的、可信的，且其证明的东西是读者心里本就怀疑存在的事情。所有好的想法都扎根于缜密的逻辑思考，都一定是合情合理的。这听起来显而易见，但你会惊讶于有多少送到我面前的文案，逻辑上不堪一击，甚至完全不合情理。

广告史上的一个典型例子是 20 世纪 60 年代著名的大众汽车“Think Small（想想小的好处）”运动。这一系列的广告以大众甲壳虫的小图片和简单的标题“想想小的好处”为特色。广告里，文案作者的目的是要确认人们对美国汽车大、欧洲汽车小的看法。他们没有试图说服读者改变这种先入为主的看法，而是证实这种想法的存在并将之转化为一个卖点。很简单，但是非常奏效。

很多人觉得，好的想法越宏大越好。他们认为想法最好是看着不可思议。但由于目标定得太高，他们的想法也因此变得难以置信——也没人信了。不要被忽悠得以为，好的想法必须是疯狂的想法。

不要试图改变人们的想法。人们相信他们想要相信的建议。你不能（至少这是极其困难和浪费时间的尝试）试图卖给某人他还不愿相信的东西。举个例子，想想过去十年中最成功的一篇长文案“美国终结”。这篇文案在世界各地被改编，并给作者创造了数百万美元的收入。为什么？原因很多。但从根本上讲，它讲述了一些人们已经相信的事情：现代世界的大多数发达国家都面临着巨大的债务问题。人们已经怀疑这是事实，这不是一个疯狂的想法，这是有道理的。就这么简单。

所以，这是第一步：确保你的想法本身是正确的、可信的，并且要能证明读者本身已经怀疑存在的事情。

告知

第二步？你的想法必须传授给读者一些只有真正的专家才能知道的新东西。麦克・帕尔默是世界上最好的“直接起效”文案作家之一。但你可能没听说过他——他一直躲在幕后。

我有幸听过他的几次演讲。我一直记得他演讲时的一个想法，那就是当你想找出好的想法时，你需要确保这个想法能传授给读者一些其他人不知道的东西。你不可能在一无所知的情况下，接受一个想法。

作为文案撰稿人，我们有一项看似不可能的任务，即成为我们所写主题的专家。然后我们必须找出甚至专家们都不知道的东西。这很难，但很必要。如果你有一个业界广为人知的想法，而你却试图把它作为一种全新的东西呈现出来，这会让你看起来很蠢。

换一个角度来看，你需要找到是什么使你的想法与众不同。我的意思是这个主意,而不是文案。在你尝试让你的文案独一无二之前，你需要让你的想法独一无二。

好了，到目前为止我们知道了什么？一个内在合理的想法，证实了人们内心已有的认知；同时，要告诉他们一个他们还不知道的独特的新元素。很好。现在我们只需要再迈出一步。

使人震惊

你的想法必须以一种新的、简单的方式去传达，要使读者感到震惊和好奇。现在，我们要开始介绍优秀作者应该遵循的准则了。如果你已经按照前两个步骤，妥善评估了你的想法，那么接下去的编写文案就会容易很多了。正如我在开始时所说，围绕真正全新的和独特的想法去写文案，总是速度更快，也更有可能奏效。

在最后一个阶段，你需要弄清楚如何用你的想法让人们震惊。对我来说，这可以追溯到尤金·施瓦茨的客户意识理念。你需要确定你的听众对你的想法有多大程度的了解。例如，假设你在 1858 年销售洗衣机（有趣的是，洗衣机就是那年在匹兹堡被发明出来的）。在那个阶段，你可以去市场上说：“想象一下，如果你能把你所有的脏衣服放在一个盒子里，一个小时后把它们拿出来，它们就干净了。”人们会认为你是个很棒的洗衣女巫。但快进到今天，你的这种广告肯定会笑掉人们的大牙。

1858 年，人们对洗衣机的认知很浅，所以最基本的概念就能令人震惊。到 2018 年，我估计只有广告里说洗衣机能将污渍转化成啤酒，人们才会如此震惊。

那么，你该如何评测客户对你的想法的认知水平？一件绝对不能做的事就是只和其他文案人员、营销人员或企业内部人士分享想法。他们会有太多精神包袱，包括他们会想证明自己已经理解这个想法，也可能他们会根据自己对于你这个人的喜恶而持有偏见。相反，你应该把你的想法带到大街上，尽可能多地随机挑选路人来测试它，因为他们与你的业务领域毫不相关。这也包括你的生活伴侣、你的母亲、你隔壁的朋友，甚至街角商店里的那个每次你进去都会异常热情的人……问问他们是怎么想的。最重要的是：不要等你把文案写完之后，再去测试你的想法——这太蠢了。

使用上述步骤，就可以确定你是否掌握了一个好主意了。如果有好想法的话，就去做吧。如果你没有，省着点脑细胞，重新构思一下。

找想法的过程令人恼火

有时候，想法就在你的面前，像一个自大的青春期少年一样对你大喊大叫，自认为他们知道的最多。而有时候，他们却不见了踪影，就像你的破产伙伴史蒂夫，轮到他在酒吧请客结账的时候总是坐在厕所里。我会告诉你做什么。从现在开始，让我们抵制想法。谁需要它们？反正我不要。

嗯，这就是问题所在。我确实需要想法，你也一样。如果你想学习如何让人们点击你的文案，你最最需要的一样东西，而且多多益善的一样东西——比任何其他技能都应多多益善的东西——就是好的想法。好想法是所有优秀作品的根源。我相信你不需要我告诉你，没有一个强有力的想法支撑，任何一份文案都将是软弱无力的——充满胡言乱语，并最终失败（或者像贸易领域的人们常说的，变成定时炸弹）。不管是一封50页的“直接起效”销售信还是一个仅3行的点击付费广告，它们的背后都需要一个想法，否则必然失败。大多数有经验的文案作家都承认，提出好想法的能力几乎可以弥补你作为一个撰稿人,可能存在的任何其他缺陷。拼写不好吗？别担心，这就是拼写检查存在的目的。对语法不太感兴趣？谁在乎，大声读你的文案，或者让别人帮你读。编辑文档很困难？胡言乱语当然不理想，但是用拇指指着每一句话看下去，总能看出哪些句子是不必要的，而且很容易删除它们。

但这是个陷阱。

如果你想不出新的点子，你就有大问题了，你必须尽快解决它。怎么解决？很简单，这只是一个关于平衡的问题：如果你想从你的大脑中得到新的东西，你就必须把新的东西放进去。你看，你的大脑就像来自“恐怖小店”的奥黛丽二世：它需要被喂养。想法就像你突然发现的那些新开的商店。你不记得哪一天，建筑开始装修了，新的标志也竖起来了——在那一天，商店还不存在，但今天就在了。所以，仅仅因为你没有注意到正在酝酿的工作，不代表它们不存在。想法也绝对是逐渐建造起来的。

唯一的问题是，想法是在你的潜意识里慢慢构建起来的（这就是为什么你看不到它们逐渐形成的过程），很难——因为没有痕迹——几乎不可能确切地知道你需要什么原材料来构建它们。因此，你需要给大脑装入源源不断的不同的原材料。好消息是：从经典文学到蹩脚的真人秀，任何东西都是有用的。我强烈建议你在给大脑输入原材料（从而在潜意识里构建想法）的过程中，应该这样做——与文案写作相关的内容和与文案写作无关的内容，你要等量输入。

原材料的重要性

所以，没问题，尽情阅读西奥迪尼的《影响力》，并且无论如何，读一下目前市场上看得到的希思兄弟的所有彩装本（奇普·希思和丹·希思是《时刻的力量》《改变并让自己坚持下去》等书的作者，都很推荐。）是的，正如任何一位名副其实的优秀作家都会建议的那样，你应该每天（或至少每周）读一篇文案，以保持自己的最佳状态，但不要停在那里。为了让你了解一般需要"吸收"多少随机材料，才能生产出新的想法，我把帮助我完成近期两篇长文案的原材料列在这里：

• 三本插图传记：一本是菲德尔·卡斯特罗的传记，一本是弗洛伊德最著名的病人沃尔夫曼的记述，另一本是关于蒙帕纳斯著名的前卫女孩基基的故事。

• 三本小说：朱诺·迪亚斯的《奥斯卡·瓦奥短暂而奇妙的一生》，马里奥·巴尔加斯·略萨的《利图马在安第斯山》，乔纳森·勒瑟姆的《布鲁克林孤儿》。

• 两本非小说类书：大卫·伯恩的《音乐是如何运作的》和

丹·艾瑞里的《怪诞行为学》(严格来说，我正在第二遍阅读这本书)。

• 我通读了五篇促销文案：一篇是比尔·邦纳写的旧文，另一篇是马克·福特写的，一篇是我自己写的，两篇新作是朋友写的——一篇成功一篇失败。哦，对了，还有其他作者让我点评的文案。

• 我看了四部电影：《爱宠大机密》和《神偷奶爸》，这两部都是儿童电影；《爱情外一章》，这估计是伍迪·艾伦欠了谁人情拍的电影；还有《鱿鱼和鲸》，关于一对正在经历离婚的高级知识分子。

• 我还不时地重看"女高音"；我在英国看了一个名为"英国之声"的真人秀，目的是寻找英国最好的歌手(实际上相当过瘾)；另外，我还在不同场子，看了几场足球比赛。

• 最后，我还听了 Iron & Wine、Mogwai 的新专辑。

听起来很累人，对吧！尤其是你要知道，为了吸取随机原材料，我还到阿姆斯特丹待了一个星期，在那里参观了里杰克斯博物馆和不那么光彩的大麻博物馆。总的来说，这仅仅是我一个多月的大脑输入。显然，这还不包括我每天与人交流、在酒吧里喝几品脱、打电话和发电子邮件时学到的东西。

我把这些清单列在这里，并不是想让你对我的文化消费有多深的印象。我只是想借此说明一点：那是非常非常多的随机原材料在我的脑子里面，想想它们会发挥什么样的作用。

举个例子，我读了一篇关于菲德尔·卡斯特罗是如何逃过"毒手"，成就革命大业的故事。当时多亏了送他去监狱的一名士兵，对他起了同情之心。想想看，这个信息和我之后在"英国之声"真人秀里看到的一段情绪饱满的演出，会如何关联起来呢？这个信息又将如何（或者会不会）被直接运用到我未来的文案写作里面？我们根本无法回答。卡斯特罗的故事可能会影响一段关于时机的文字，或者用来说明微小的决定会带来大结果。这位歌手则可能激发出一篇关于忽视别人的想法和追随你的梦想的文章。谁知道呢？我们所知道的只是，我的大脑现在拥有大量的原材料资源，可供其深入探究并从中建立起想法。

一旦喂饱了你的大脑，你就必须相信它能完成它的工作，最终帮你写出好的文案。是的，你可以做一些练习来激发想法，或者通过有意识地分离你大脑的左右两侧，鼓励新的想法的形成。但归根结底，提出新想法的能力是你——作为一个游说者，走向成功的根基。反过来，任何级别的文案作者要想开发并保持这个能力，就必须一直用各种各样的原材料去填饱他的大脑。

从一而终的力量

要坚持一个想法。

我越去思考，越发现这可能是我收到过的最简单但最有效的建议。马克·福特，一位教我写作的文案大师，将之称为“从一而终的力量”。马克写道：

“每次我写文案时，我都很警醒，读者并不想听我就某个主题讲得面面俱到。他们寻求的是一个有用的建议或想法，帮助他们变得更成功。”

这个做法有很多学术名称，但原理都是一样的。即对于任何形式的写作——尤其是推销型写作，坚持只传达一条信息极为重要（我指的是“生死存亡”的那种重要）。

你的伴侣要求你做三件事——刷盘子，倒垃圾，熨衣服。你不可能三个都做。你最多只能做两个，很糟糕。你收到一封电子邮件，它邀请你读三条不同的信息。这不太可能。充其量，你会读一条，其余的略过。你看到一辆冰激凌车旁边有一份菜单，它为你提供20种选择。你打算买20个冰激凌吗？当然不是。那样吃你就要原地冻僵了！

试着对这些场景运用“从一而终的力量”。

亲爱的，你能洗盘子吗？当然可以，你也会去做。卖冰激凌的人有一个大牌子，上面写着“99 Flake”（一种冰激凌口味）。你有些什么？我有“99 Flake”口味。很清晰。把注意力集中在单一一个想法上，你就能把这个想法清晰地传递出去。如果你的信息被稀释，那么这个想法就很可能被埋没了。

如何有效地传递你的信息

首先，确定这条信息的关键要素。然后，这里有一个小技巧可以帮到你。用一行文字总结你的主要想法，留下一段空白，然后把这行字再写一遍。例如本文中，这行字就可以是“坚持一个想法”。然后，在两个行之间，写下你想写的内容。把你的想法落实于文字上。

通常，在写作时，你会发现你很容易偏离信息的关键要素。每个人都这样。任何一个人都会犯这样的错误，我也会。但是当你写的文字下面，有一行关键要素时刻提醒着你，你就不容易偏离了。

它迫使你思考你所写的每一句话、每一段话，排查它们是否与你需要传达的要点有关。对自己要严格，不要让你的思维飘忽不定。通过这样的锻炼，你会发现无论你写什么，你的信息传递都会变得更加有效。当你写到结尾时，如果你成功地利用了“从一而终的力量”，你自然就会领悟这个道理。

要坚持一个想法。

秘 诀

说到产生想法，我是作家兼企业家詹姆斯·阿尔图瑟（James Altucher）的忠实粉丝。詹姆斯认为大脑就像身上的肌肉一样，你需要经常锻炼它。为此，他建议你身边常备一本笔记本，每天至少记下10个想法。它们可以是完全随机的，也可以与你手头的工作，或任何突然出现在你脑海中的东西有关。这个日常习惯有助于保持大脑的活跃，如果你每天写下10个想法，到年底你就有了3650个想法。它们当中至少会有一个是好的想法。

第二部分

开始写你的文案

第六章　功能 VS 好处

要问就问一个客户势必关心的问题：对我来说有什么好处？

——美国文案作家，克莱顿·马克皮斯

必备的核心技能

每次培训新人，我都会布置这样一个任务，测试一下他能不能将产品功能转化成对用户的好处。

这对于撰稿人的要求，就是在推销任何产品或服务时，能懂得对客户的好处远比产品功能重要得多。通常，我都会要求所有面试者写一份 500 字的文案，让他们想办法卖给我一套西装或一支 HB 铅笔。听起来不难吧！但事实上并不简单。你会发现，很多人处理文案的方式很相似，但真正能创造性地去编辑文案的人其实少之甚少。

但这不是重点。实际上，我在寻找的东西是：作者是仅仅把产品功能作为卖点，还是有证据显示，他至少在潜意识层面上，考虑那些功能可能给读者带来的好处。观察候选人如何处理这类文案，是一件非常有趣的事情。你会惊讶于它作为一个试金石，可以多么准确地预测出一名实习文案能不能在这个领域获得成功。

不过，这些关于功能和好处的讨论，你早就听过了，对吗？这是一个可以追溯到几十年前的文案概念。你可以在大卫·奥格威、尤金·施瓦茨的书中看到这类探讨，甚至可以追溯到克劳德·霍普金斯。你今天去参加任何文案活动，你都会在议程上看到“功能VS.好处”。如果没有这个议程，你就可以要求退款了。说真的，这无疑是入门课的入门内容。而且，非常浅显易懂。但上帝啊，这个概念实在太重要了，值得定期拿出来强调一番。事实上，如果你只想学好一件关于文案写作的事情，那就学习“好处”胜于“功能”的重要性吧。

我听到你喊了起来：“我懂了，格伦。我懂你了。我已经掌握这个了，伙计。”如果真是这样，那就太好了。不过，我还是要以防万一。我的意思是，你可以叫我偏执狂，但我真的常常在各类销售信、“脸书”广告，以及天天开车经过的广告牌上，看到文案作者仍然重点突出产品功能，而不是强调对用户的好处。可见即使是行内人，也没能完全领会。

功能与好处永远不能画等号

为了后排那些不用功的学生，我们还是再来说一遍功能和好处的差别吧。然后我们再来看看，你可以做些什么来提升你的营销效果。

我们以铅笔为例。铅笔的一个特点是它有一个石墨笔尖。这种功能的一个好处是，你写错的时候可以轻易擦掉。用墨水笔就很难做到这一点。即使在这么简单的例子中，你也可以感受到描述一种产品的好处，会大大增加铅笔对潜在买家的吸引力。这做起来并不难，并且能让客户的生活更轻松：客户不必自己去弄清楚产品有什么好处（这就有风险了，因为他们可能根本弄不清），你可以告诉他们有什么好处。很简单吧！在文案创作上，把功能变成好处，是你必须要做的最最基本的一件事情，但这还远远不够。

带着感情色彩讲述产品好处

有了铅笔，你写错的时候可以轻松擦掉，这是一个好处，但它仍然不是最容易与客户建立起情感共鸣的卖点。而且这样的好处太普通了，用户会觉得完全理所应当。因此，要真正与潜在客户建立情感联系，你需要将产品好处提升到另一个层次。你要带着感情色彩去讲述它。

继续以铅笔为例，你可以试着描述考试的故事（要知道学生忙了一整年就为了这一天）。时钟嘀嗒嘀嗒接近尾声，一名学生坐下来松了一口气，很高兴完成了考试。他开始想象在这之后的生活，未来可能实现的一切。但他突然惊慌起来！他记得第四个问题标错了答案。时间只剩下几秒钟了，好在他考试用的是一支铅笔。学生于是快速地擦掉错误答案，重新写上正确的答案！

一周后，这位学生收到成绩单，在一家酒吧庆祝。他以一分的优势得到了全校第一名。是什么改变了一切？正是他擦掉错误答案、改成正确答案的这个动作。

这是个很初级的例子，但相信你可以领会我的意思。这个古老的小功能派了很大的用场，对吗？最初它只是一个石墨笔尖，但现在它是考试成绩之间的一分之差。人们很少为了功能去买东西，但他们也不总是因为有好处就买。人们真正想买的是故事。我的意思是，你不会仅仅因为玛莎拉蒂有一个强大的引擎（一个功能）就买它，也不会因为它跑得很快（一个好处）就买它。大多数跑车都很快。不，人们买玛莎拉蒂是因为——对他们来说——玛莎拉蒂充满了极富感情色彩的、有关财富和成功的故事。

回到文案写作，你必须确保你不是仅仅靠着功能来卖东西。考虑一下这些功能为用户带来的好处，然后将好处推销给客户。一旦你把前后思路整理清楚了，并且对自己要推荐的产品好处也足够满意，你就可以带着感情色彩来讲故事了。请重点关注和思考“好处”以外的事情。问问你自己，这种好处可以如何改变一个人的生活。这么做，很快你的文案就能脱颖而出了。

始终将功能转化为对用户的好处

在下表中我列出了 10 个项目。对于每一个项目，我希望你记下一个功能和一个好处。这不会太难。这只是为了让你有一个基本的了解，让你直观地看到当一个功能转化成好处后，会有怎样的改进。

不要着急，如果可以的话，也可以试着想一些更复杂、更晦涩的例子来测试你的掌握情况。

项目	功能	好处
一罐可乐		
一双跑鞋		
一品脱啤酒		
一个计算器		
一台苹果手机		
一条巧克力		
在西班牙的一次假期		
一张10美元的钞票		
一个冰激凌		
一本小说		

秘 诀

如果你在为一个你不经常使用或不太熟悉的产品或服务写推广文案，切勿仅仅依赖于你自己对它的解读。当然，你自己也可以总结出不少好处，但如果你试着与老用户们交谈，你将能搜集到更有趣、更贴合现实的好处。他们可能会碰到的一些小细节、小问题，你是很难想象得到的。然而，正是这些微小的细节，足以打动人心。而且就是它们，让其他潜在客户对这个产品或服务有了更深的情感共鸣。

第七章　4P原则：承诺、描绘、证明和推动

哪里都可以套用模式。

——麦克斯·科恩，电影《π》的主要角色

所有好文案都有一个隐性结构

你看过电影《π》吗？这是一部数学惊悚片！说真的。这是达伦·阿罗诺夫斯基导演的，他有点疯狂（你可以去看看《黑天鹅》，或者2017年上映的《母亲！》）。在这部电影中，主角基本上是在寻找股市背后的某种模式。他相信答案就在数字π中。你知道，就是约等于3.14的那个π。不管怎样，那家伙为了找到一个不存在的结构，基本上把自己逼疯了。

这就是套模式的问题。你很难找到一个到处都可以套用的模式。你总是会遇到一些异常情况，如果你不愿意接受，那你为了抹平异值可能会被逼疯。文案界里一些不那么疯狂的人劝慰你，其实可以

先坚持某种公式化的模式，出现异值后再丢弃它们。乍听起来这种做法本身是存在问题的。但要知道，在异值出现之前，套用某种模式是非常有用的。

这就是我对 4P 的看法。不要误会我，它们所呈现的结构无论如何都不是万无一失的。但这是我初入文案界的时候，最早学到的“直接起效”文案创作法其中之一，而且对我很有帮助。这就是为什么我要在这里和你分享 4P 法。首先，我想我应该解释一下这四个 P 是什么。

介绍四个P

就像所有文案理论一样，这取决于你问谁。但我一直是这样被教导的，“直接起效”文案大师比尔 · 邦纳和马克 · 福特当初是在评估分析 20 世纪 80 年代所有成功的长文案时，发现了这个模式。我在别处听说的则是，多产的文案作家鲍勃 · 布莱（Bob Bly）提出的。其他人说是我的好朋友——也是比尔和马克的第一个学徒——一个叫约翰 · 福德的人提出的。其实这都不要紧。

重点是很多文案作品都或多或少地遵循着这种结构。首先，做出承诺。然后他们描绘了一幅图景。为了印证自己的承诺和描绘出的图景，他们还要提供证据。最后，他们推动读者采取购买行动。粗略说，描绘和证据占据了这套模型的大头。很明显，你的文案中的证据越多，就越有可能说服对方点击并采取行动。至少在理论上是这样的。

纵观这套模式，它有一个非常基本的结构：

Promise（P） 承诺
Picture（P） 描绘
Proof（P） 证明
Push（P） 推动

这是一个简单的公式，但很有用。近年来，我也逐渐意识到，它们还可以运用到一个更加聚焦的层面。稍后我会对此再做解释。首先，我想花点时间研究一下，为什么模型中的每个元素都如此重要。

承诺：吸引读者注意力的最简单的方法

本书后面的章节，在讲到标题和导语的时候，你会发现实际上有很多种方法可以吸引读者的注意力。但是做出承诺是一个最为简单的经典做法，我想这就是为什么它变成了 4P 中的第一个 P。这是有道理的，对吗？当有人给你一个大胆的承诺，你会想知道更多。谁会不好奇？包含某种承诺的标题多年来屡试不爽，如今仍旧如此。

我敢肯定，在理财文案里，有很多头条新闻都会承诺，如果你买了 Y 股，你就能获得 X 收益。在健康版中，你无疑会看到一种新的维生素补充剂，它可以减少关节炎的疼痛。正如我所说，承诺型的标题在很大程度上是“直接起效”文案的立足之本。

但是，在美国的一次文案研讨会上，我对文案传奇人物鲍勃·布莱提出的一些小建议很感兴趣，这些建议为承诺型标题增加了一个新的维度。鲍勃简短地谈到了承诺型的标题，并给了一些常见的建议：它们应该是大胆的，它们应该是具体的，并且尽可能是独特的。当然，这都是很好的建议，但他接着谈到了“第二个承诺”。这个承诺引起了我的注意。

鲍勃提出，当你在标题中做出一个大承诺时，你应该紧接一个包含次要承诺的副标题。他建议第二个承诺应该比你在主标题中的承诺小。起初你可能认为这会破坏你的大承诺。但事实上，完全不是这样。

如果你处理得够好，这第二个承诺可以使你的整个标题更具魅力。

例如，你的大承诺可能是：

“如果这个低价股公司能在 4 月 14 日获得专利，那么你今天所购买的每一股股票都能在一夜之间获得 500% 的收益。”

一切完美，投机性投资者已经买账了。但是，运用鲍勃的理论，想想如果你紧随这个大承诺继续说：

“即使它没有获得专利，在未来的 12 个月里你仍可以赚 50%。”会发生什么？

总之你横竖不会输。大承诺是说你可以赚一票大的，但即使没赚到，你还是能赚点小钱。对于读者来说，这是一个双赢的局面，基本上在文案的开页几行，你已经差不多推销成功了。

使用第二个承诺的关键是确保你所做的第二个承诺，比你在主标题中所做的承诺要小，同时确保它包含的好处会使读者想要购买你所销售的产品。

描绘：让读者行动起来

与你的读者互动是你在写“直接起效”文案时，可以学到的最重要的技能之一。为读者描绘一幅图景，则是最直接的方式。但是出于某种奇怪的原因，很多人似乎认为工作的世界、商业的世界，应该是一个灰色的、没有生命的地方，存在于朝九晚五之间。人们认为有趣是不被允许的，你必须用事实、数字和图表说话——你知道的那些无聊的东西。我看到这么多的文案，很多都表现得干燥、空虚，以至于我怀疑是否是机器人写的。

相比之下，成功的文案往往都有故事元素，用某种形式的叙述引人入胜，让你想读得更多。如果你把关注点放到能否把一个美妙的故事融入你的信息中去，你的销售信息将得到更有效的传达。

来看看这个例子：

“想象一下，你戴着高帽，穿着燕尾服，站在一辆私人火车上，风从你身边呼啸而过，你手里端着最好的法国香槟……那是1850年，铁路像葡萄藤一样向西方生长。而且，尽管你还不知道，你今天乘坐的火车走过的同一条铁路很快将使你的财富增长三倍多，让你和你的家人成为美国贵族之一。”

很棒，不是吗？这是有史以来最成功的一个长篇文案的开头两段。这篇文案的标题是“一条横跨美国的新铁路”，作者是波特·斯坦斯伯里，他是一位利用画面吸引读者的大师。

事实上，多去浏览一些吸引潜在客户的经典案例是很有用的。我们看完波特的历史性的铁路故事，我们再来看看这段：

“你望向窗外，眼光穿过你的园丁，他正忙着修剪柠檬树、樱桃树和无花果树，在栀子花、木槿和冬青的绚丽之中。”“天空很蓝。大海是一片深蓝色，在阳光下闪闪发光。”“你的女仆把早餐端到床上时，一股清风从海上吹来，干净而清新。”

“有那么一会儿，你以为自己已经死了，上了天堂。但这个天堂是真的，而且价格实惠。事实上，生活在这样一种梦幻般的生活里，只需要花费你自己在家时一半的开销。”

这个传奇性的标题，是用于推出一本叫作《国际生活》的杂志。虽然这篇文案是比尔·邦纳多年前写的，但它仍然是该杂志有史以来最成功的促销文案之一。这是一幅很棒的图景，它把你置于故事之中。这是你的故事，你的窗户，你的美丽风景。你马上就订婚了，这时候被这样的画面吸引住了，你忍不住想继续读下去。这是一个很好的例子。

当然，到目前为止的两个例子——在不同程度上——都把你放在了故事当中，但这并不总是必要的。正如这篇著名的《华尔街日报》宣传文案写得那样，你完全可以用第三人称的叙述来吸引读者：

“25 年前的一个美丽的晚春下午，两个年轻人从同一所大学毕业。这两个年轻人非常相似。两人的成绩都在中上，都很有风度，而且都像年轻的大学毕业生一样，对未来充满了雄心壮志。

最近，他们俩回到大学，参加他们的 25 周年聚会。”

你没有参与到这个故事中去，但它仍然很吸引人。读到这两个年轻人如此相像，25 年后又见面了，你想知道发生了什么。

上面的例子比较典型——但其实，这样的例子不胜枚举。如果你细心的话，会发现有三个特殊要素将它们联系了起来，用好这些要素将大大提升你的文案效果。

首先，正如比尔·邦纳的例子所证明的那样，故事必须具体到细节："……忙着修剪柠檬树、樱桃树和无花果树。"人们认识到的、与之相关的小细节，以及一些真实世界中会发生的细节，将使得故事栩栩如生。

其次，故事必须自然流畅，与你要传递的信息有关。当然，你可以发挥创造性，但基础联系必须是有效的。斯坦斯伯里的铁路故事都是关于新的发展，那些划时代的发展让很多人成功致富。他的信息继续沿着这些路线传播，揭示了他所认为的划时代的发展又将到来了。

最后，也是对我来说最重要的一点：把读者直接投入其中。尽可能从故事的中间开始。有时，可能需要一点背景介绍，但要保持在最低限度。记住，一个小谜团常常是一个故事的魅力所在——吸引读者继续读下去，看看会发生什么。

证明：有证据显示你不是瞎吹的

利用巧妙的文案技巧说服某人点击并从你那里购买东西，一切都很好，但是缺少证据的话，你会陷入一场艰苦的斗争中。毫无疑问，任何好的文案都需要证据支撑。

你可以使用很多类型的证据——比如产品或服务的性能、老用户的"证词"，或者轶事证据和逻辑证据。如果你有大量的研究，你应该能找出：

- **报刊标题**——这些来自网络或纸质新闻报刊的标题，可以帮助印证你的说法。例如，你在写一篇关于英格兰银行加息的文章，如果你有《泰晤士报》说的“英格兰银行计划加息”的文章标题，你的论点就能得到印证。

- **案例研究**——如果你能证明你所说的已经发生在现实生活中的人身上，并即将发生在读者身上，那么这将进一步支持你的论点。
- **证言**——当涉及做出承诺，如果你能用已经兑现承诺的既有用户的话术来支持这些承诺，你就赢了。
- **过往业绩**——能够展示产品或服务在过去取得的成绩，肯定很有效果。展现过往业绩的威力无穷，因为这向用户“货真价实”地展示了一件事情，而不是仅仅告诉他们有过此事。最终的效果肯定有着天壤之别。

最近，我也看到了很多销售信，都很好地利用了社交媒体作为证据。如果你描述的一个人在推特上，那就找一个能支持你论点的帖子，截一张图放在你的文案里。

重要的是你要记住，证据永远不嫌多。所以你需要尽可能多地掌握证据。证据的来源包括调研，深入研究产品或者服务，尽可能多地了解它。多亏了互联网，这些工作比以前可容易多了。

我们工作在一个“直接起效”的世界，所以一旦你做出了承诺，描绘出了图景，并提供了足够的证据，你就需要确保人们对你的文案采取直接行动了。

推动：让客户点头

很多时候，当你读到你很赞同的东西时，你会不自觉地开始点头。你有过那种感觉吗？即使你看的只是一页文字，但当作者正好写到了一些能触动你心弦的东西，你会禁不住苦笑一下，然后意味深长地点点头，想“是的，我也这么想”。你有过这种感觉对吧！也许就现在，你读到这里，也会忍不住点点头，想着“是的，我也会这样”。

嗯。那很有趣。事实上，绝对有帮助。你看，如果你能让读者在阅读你的文案时打心眼里点个头，那么当你要求他点击，甚至是要卖给他东西时，他也会更倾向于对你点头。当然，这不是什么很艰难的事情。我的意思是，如果你能在一件事情上同意作者的观点，你在其他事情上也可能同意他的观点——包括他让你买他的产品。你同意吗？棒！

在推动的阶段，这样的想法可以起到很大的作用。我自己就已经用过很多次了——实际上，回想起来，我可能在我写的每一篇关键文案中都或多或少用过这种形式。我多年前写的一篇文案中有这样一个片段：

“每天我在离开家门之前，都会有这样一些事要做。

“一起床，我会先舒展一下四肢，打消困意。我一直发誓，这个时间要做些运动，但似乎从来没有做到过。

“多数时间，我会漫步到厨房，加满水壶，倒一勺咖啡在杯子里，然后漫步到窗帘前，看看外面。”

你也这么做吗？每天早上看看天气如何？其实我也没在期待什么特别的天气，比如太阳或大雪……通常也就是一个灰色的英国早晨。

最后一点，关于查看外面的天气，你能想象大多数人都会这么干，对吗？因此，读者会联系自己的实际，开始点头。

这封信的目的，是要卖出一种货币交易策略，你可能想知道，所有这些“查看天气”的胡说八道是如何与货币交易关联起来的？

嗯，它确实与产品有那么一点点关联，但这不是我选择讨论天气的原因。这些场景的存在，仅仅是为了让人们点头，就这么简单。这是一个你应该瞄准的物理反应，一个打心眼的点头。

要做到这一点，你首先要找到一些你知道读者会感同身受的东西。理想情况下，你要找到一个既定的事实，比如你知道二加二等于四，对吗？相对而言，我上面使用的场景有点冒险，因为不是每个人都会和我描绘的场景关联起来。但是，正因为它的连接点稍微有些模糊——并不是非黑即白的那种，当读者的确联系起来的时候，这种效应就会更加强大。它就会得到点头。

当你自己尝试这套方法的时候，你最好测试不同的场景，尽可能多地与办公室里的人，或者家里人一起测试。一旦你触及到了人们能感同身受的事情，你就快成功了。此外，为了提高让对方点头的概率，你还需要注意提示对方。你可能发现了，在上面的摘录中，我直接问读者一个问题："你也这样做吗？"我在这一节的开头也这样问了。我问："你同意吗？"并且实际给出了一个回应："是的，对吗？"

设计这类自问自答的问题，目的也是要让读者点头。很显然，你的读者不会大声回答你的问题；不过，他们的大脑会以其他方式表示同意，例如点点头。

万岁！你现在已经利用你的文案，在读者身上设计了一种无意识的生理反应，这将大大影响他们的购买决定。好策略。这个策略的关键是要让你的读者在某些事情上同意你，并且把这种同意的心态反映到肢体语言上去。记住，同意的点，并不一定要和产品或服务直接挂钩——这个阶段的工作还没涉及产品，只是要想办法去说服读者认同你。

好的，我们已经把四个 P 简单梳理了一遍。在我们继续学习之前，我想让你多花点时间思考一下这四个 P。所以接下来，我为你安排了一个任务操练一下。

尽可能多地找到四个P

早些时候我提到过，我逐渐意识到这四个 P 可以在一个更微观、更聚焦的层面去应用，而不仅仅是用于构建长销售信的整体结构。当你开始分析长文案的时候，你会注意到承诺、描绘、证明以及推动这四个环节会点点滴滴地被布局于整个文案当中。这很有趣。事实上，我研究的所有成功的“直接起效”文案，都有这样一种趋势，就是它们都不断地循环使用这四个要素——有时甚至每几段就用一遍。

相信你已经能够理解，这么做的重要性。通过不断重复这些要素，你反复巩固了读者心中被激发出的想法，让他们记得你的承诺、你描绘的图景、你分享的各种证据，然后心里明白，要得到你推荐的产品或服务，在读完文案之后就需要采取购买行动。

有一份很典型的文案你可以参考，就是之前我让你手抄的那一份。没错，现在我要求你再把那封信通读一遍，尽可能多地找出四个 P 的使用实例。

读的时候，每次你看到一个承诺、一个图景描绘、一个证明或推动，就在旁边做个笔记。最后，你会发现几乎每一段的旁边都有一个 P。事实上，可以这么说，任何没有 P 的段落都几乎是冗余的。这是一个有趣的点，你可以仔细看看这些段落，然后想想——为什么要包括它们？这可能是因为它们发挥了一些其他功能，本书后面的部分会讲到这些功能。但也可能，它们就是无关内容，应该剔除。

秘 诀

四个P的结构普遍适用，但它的运用却很灵活。有时候，为了活跃文案，你需要打破原来的结构。如果你发现你的文案没有达到原定目的，可以试着用描绘或证明来开头，而不是用承诺来开头。当然，关键要素一个也不能落下，只是你用什么样的顺序去呈现这些要素，可能就是让你的文案达到最终效果的关键。

第八章　4U法则：紧迫、有用、独特和超具体

我们这个行业是要告诉人们有什么，而不是解释为什么。

——Agora 创始人，比尔·邦纳

优秀广告文案的简史

我的一位导师——美国企业家和作家马克·福特，曾经教过我一个简单的方法来改善写坏的标题。这个方法其实已经被很多人写过，所以我想着，在这一章里我就不要去重复概念了，而是对它们进行一次现场检验。为什么不呢？这个检验的方法是这样的：我将从 Clickbank 网站随机抽取三个促销文案，然后看看，运用这套古老的策略是不是可以快速改进它们。但首先，为了确保我们的理解一致，我要向你解释一下这四个 U。

对你来说，这是一段非常丰富的历史。有一个故事是这样的：很多年前，马克·福特和他的商业伙伴及文案传奇人物比尔·邦纳，

拼凑起他们发出去的以及研究过的所有直邮文案，评判哪些是有效的，哪些是无效的。正如我们在前一章中看到的四个 P 一样，他们找到了好文案和坏文案的相似之处，也指出了它们存在差别的地方。然后，经过艰苦的钻研和各种分析测试（因为时间的缘故，我们将跳过这里），他们最终找到了所有最佳文案的共通之处——它们当中反复出现了四个要素。

哪四个要素？
击鼓声不要停。

首先，每个标题都给人一种紧迫感（Urgency，U）。其次，每个标题都一定提供了一些有用的信息（Useful，U）。再次，每个标题都包含一些独特的内容（Unique，U）。最后，每个标题都是非常具体的（Specific）。呃，等等，再等一下，让我们再试一次。最后，每个标题都是超具体的（Ultra-specific，U）。我知道，我知道。最后一个已经被稍稍调整了一下，使它也成了一个 U，尽管不算严格意义上的 U，但这样更朗朗上口。

不管怎样，这套方式绝对能帮到你。如果你总是在琢磨，为什么某份文案起不到应有的作用，很可能是因为它缺少了这四个元素中的一个。有道理吗？当然有道理。让我们来测试一下我从 ClickBank 随机选出的三个文案标题。

让我们测试一下4U法则

晚上6点52分，在旺兹沃思的“圆屋”酒吧。首先，我搜索了“互联网营销”这个关键词，随机找到的第一个产品是一套辅导课程。然后，我打开销售页面，看到了一个典型的失败标题，这个标题缺少了四个U的绝大部分。我真没夸张，你自己看：

“终于可以学到怎么在线赚钱了！”

我知道你还在看这个标题，你已经意识到它空泛到了极点，简直是垃圾标题。现在，就着这个标题，让我们看看4U法则究竟讲的是什么：

1. **紧迫：**这个标题没有给人紧迫感。太过简单，真的，没必要再追踪下去了。这个标题并不紧急。快速改进的话，可以是：“就今天，你终于可以学到怎么在线赚钱了！”还是垃圾标题，不过简单地加上“就今天”，至少让它获得了一点紧迫感。

2. **有用：**几乎所有的标题都带着某种形式的有用性——特别是当它们包含了货币承诺时——所以要改进这一点比较难。但是你想想看，如果你都不知道“在线”是什么意思，这个标题对你又有多少用处？没什么用。那让我们改进一点：“一直处于囊中羞涩的你，终于在今天，学到了怎么赚钱。”这样的话，我们就立即将货币收益与个人收益联系起来了。

3. **独特：**这个标题一点儿都不独特。快速改进的话，可以是：

“终于在今天，神秘的阿兹特克密码帮你解开了怎么在线赚钱的奥秘。”完全不知所云，但你看到了这一点——有一个独特的元素使它更吸引人。

4. **超具体**：如果标题的独特性是想让它表达一些新的东西，那么当落实到具体内容时，你就需要包含使标题更真实的细节。这里的示例没有任何具体的细节。因此，我们可以这么改进：“最终，一个简单的六周计划，让你学会如何通过网络联盟营销每月赚到 2000 英镑。”这与最初的标题差不多，只是更具体一些。

好的。看起来很容易。但这个例子让我们很快看到了四个 U 的适用准则。

晚上 7 点 12 分，在旺兹沃思的“圆屋”酒吧。在这里，我搜索关键词“金融交易”，随机选择了另一篇促销文案。这仍然是一个可怕的标题，看起来像是由一只嗅了太多奶酪的老鼠设计的。但公平点说，至少比上一个例子多花了很多工夫。让我们用四个 U 来分解它。

波段交易者、利差投资者们，

模仿我的交易策略，

你可以源源不断地赢利，月月赚钱！

现在开始！

不论市场是涨是跌，

多年的研究、测试和交易终于有了回报！

秘诀都在我的书里，

> 短期波段交易让你快速获利!
> 无论你是新手还是交易老手,
> 都可以依靠我的全套交易策略来获得这样的回报!

1. **紧迫：**看到“现在开始”了吗？很明显，这篇文案的作者还是有点技巧的。这确实比上一个标题更具紧迫感，但它还是相当初级的。真正的紧迫感通常是通过两种方式产生的：要么通过限量策略（例如，只有 500 人有机会使用它），要么在围绕产品的概念中找到一个真正有价值的细节，自然而然地带出一种紧迫感（例如，低价股公司在未来几天会有大消息公布）。上面这个例子的改进方法可以是，增加一些未来几天或几周内将会发布的重要新闻公告的细节，这能让人直观感受到使用这个波段交易策略所带来的盈利机会。

2. **有用：**很显然，这个技巧他们也用到了。“无论你是……”的那一小段，对于增加标题的有用性起到了非常有益的作用。正如我所说，当你做出金钱承诺时，产品或服务的承诺往往就成了与生俱来的了。此处我就不评论太多了。

3. **独特：**对于这个标题的独特性问题，我就没法那么宽容了。如果你以前从未见过理财类消息的标题，它可能看起来还挺独特，但我向你保证，它实际上乏味至极。“模仿我的策略，不论市场往哪个方向发展……”这都是老掉牙的措辞。要怎么改进？我会希望在“短期”上多做文章。波段交易策略如此常见，但为什么短期波段交易策略那么有价值？如果标题改得更吸引人的话，可以是："大揭秘：波段交易者天天都在犯的傻错误，有效避免它，将帮你一天赚入500英镑。"

4. 超具体：从表面上看，这篇文案似乎也做到了这点，但是再仔细看一下。"源源不断地赢利、月月赚钱、多年的研究……"其实都很含糊。到处都是暗示。但是暗示没什么效果，更没有益。源源不断地赢利，具体来说？市场，什么市场？月月赚钱，每月究竟赚多少？多年的研究，你什么时候开始研究的？请说得具体点。如果你做了什么，请具体说出来。

你可以看到，遵循4U法则，你就学会了如何评估一个标题，找到你第一眼可能发现不了的潜在问题。让我们再看一个例子。

晚上7点37分，在旺兹沃思的"圆屋"酒吧。哈，现在，我搜了"健康"这个关键词，然后转到了下面这个页面。我的第一反应是要再挑一个例子，但是我不愿意作弊——让我们来看看：

> 有没有想过，《圣经》上会建议你如何保持健康，如何饮食，来防范癌症、心脏病、糖尿病和高血压？
>
> 上帝在《申命记》《出埃及记》和《利未记》中提到了他的健康法则。你没读过吗？

为了避免无意中造成任何冒犯，让我先说明我自己不信教，但我尊重那些有宗教信仰的人。在这里，我们抛开信仰不谈，单就这个标题来说写得不错，但还有待加强……

1. **紧迫：**本例肯定没做到，没有明显的紧迫感。我越发认识到你可以对一个标题问的最重要的问题之一是："为什么我现在要听？"除了上述健康问题本身就带有的紧迫性，你很难找到理由现在就买。我想把"你没读过吗？"这句改一改，简单加一句"趁着现在还不太晚，为了你和你的家人读一读吧！"这样说有点刺耳，但比较符合这篇文案的总体感觉。

2. **有用：**尽管没有声称会有货币收益，但它暗含着自己的有用性。其实挺明显的，它暗含了帮助预防一些可怕疾病的用途。我有一种冲动，调整一下语句，把暗含的有用性改得更明显一点，你看，问问题的缺点是对方可能会回答："不。"但如果你改一下措辞，"去看看《圣经》教你如何通过改善饮食来预防疾病……"我认为这会更有效。

3. **独特：**嗯，是的，我不会说它没有独特性。我以前从未见过这样的标题，很公平地说。

4. **超具体：**这里的确做得不错。关于疾病也写得很具体；关于上帝的书，推荐了具体的几本。我能够评论什么？具体性上作者做得很好。寻找优秀文案这件事，真是"踏破铁鞋无觅处，得来全不费工夫"！

如果文案没效果，怎么办？

我挑出来的每一个标题，我们都清楚地看到，可以使用4U法则迅速进行改进，而且改完之后，的确发生了改头换面的变化。在我开始写这一章之前，我一直很担心，能不能证明 4U 法则的作用。但基于我随机挑选的标题来看，的的确确证明了它们的普遍适用性。这也是为什么，你应该多花点时间去思考如何利用好 4U 法则改善你的文案。

如果你碰到写文案标题，怎么写都表现不出你要的效果时，就可以换一个角度来思考,看看 4U 法则中有没有哪个 U 没有包括进去。

秘 诀

不要等到第一稿写完之后，再去思考 4U 法则的运用。文案写作最终是一种创造性的行为，当涉及创造力时，你要尽可能多地依赖于你的潜意识里那些奇怪的秘密洞穴。可以说，这就是魔法经常发生的地方。一旦你对这一页的内容感兴趣，感觉自己看到了想象中奇怪而又奇妙的内容，就赶紧运用 4U 法则去把它们呈现出来。你要用法则来指明方向，而不是命令你的行为。

第九章　打造标题

我写完一段文字，然后就开始删删画画，换上新的句子，试图改进它。

——保罗·奥斯特

活着，死去，重复

这是汤姆·克鲁斯电影《明日边缘》的主题。你看过吗？大体内容是，汤姆·克鲁斯得到了一个外星人的血，这意味着他以后每次被杀死，都会回到得到外星人的血的那天。就在某一天，他遇到了艾米莉·布朗特，然后他就必须要拯救世界了，而这不过是他在办公室里度过的普普通通的一天。不过，这个逻辑没什么问题。事实上，这部电影发行以后，我就去电影院看了。看完以后很受启发，就打算在咖啡馆里写下这本书的这一章节。很神奇，有时候你偶然遇到的电影、书籍和音乐，就能大大激发出你的灵感——这也是和

《明日边缘》里差不多的一个逻辑。

这个轮回故事给了我一个开场白，接下来我就要谈谈怎么写标题和导语了。怎么写呢？你可以这样总结我的标题写作法：写，删除，重复。

懂我的意思了吗？

好消息是，当你采用这种方法写标题的时候，你不会被时间扭曲，也不会遇到被矩阵式外星人攻击的风险或者汤姆·克鲁斯。那么，“写，删除，重复”是如何运作的？为什么有效？

写：给一个量变到质变的机会

写标题一蹴而就几乎是不可能的。根据我的经验，要写出一个好的标题，必然是数量到质量。你的第一句话总是有点松散、复杂或者很可能是废话。不要往心里去，很少有伟大的思想是天生完美的。它们必须先形成，经过打磨、分解，再重新组装。在你的大脑中这样做是非常困难的，也是违反直觉的。

记住，最终人们会在页面或屏幕上阅读你的标题。你的表达看起来怎样，和它们的实际内容一样重要。有些词听起来很清楚，但很难读出来，也就是可视性不强。这就是为什么你不要试图在脑海中去想出一个完整的标题。你可以直接落笔。当然，你写下的第一个想法，它可能不会太尖锐。别担心，写吧，把你的第一个想法写下来。

删除：为什么你必须克服对空白的恐惧

删掉它。

真的,删除你写的内容。这听上去让人很不爽。或者更确切地说,如果有什么好处的话，应该是马上再写一次，就会感觉好一些。

我很理解，删除你写的东西是很难受的。你可能和我一样，认为你写的每一个字都是你美丽心灵宝藏中纯金的一滴露水。

放心吧，没这回事。

我是海明威写作学派的一员，我相信在写作这件事上，打磨和思考一样重要。我把单词和句子看作是一块块木头，堆积到书页上。一旦到了那里，你的工作就是把它们捡起来，开始雕琢它们，干净、清晰、圆满。海明威说过，他希望他能写出真正让自己满意的话，就类似于这个意思。写你的标题时，你也要瞄准同样的目标。

这就是为什么，一旦你写下了你的第一个想法，你就必须用刀（或者删除键，它可以减少混乱）把它切碎。那么接下来……

重复: 没人说这会很容易

重复，重复，再重复。在你问之前——是的，这是一个艰难的过程。但是如果你愿意这么去付出一些努力，你会发现写出一个好标题其实挺容易。你需要不断地把你的话切碎，直到有好东西自己跳出来为止。如果你试图逃避工作，考虑凭空想出一个标题，那你可能要在办公桌前困好久了。更改顺序,调整次要单词,如果有必要,使用 Word 中的同义词功能。但是无论你做什么，都要不断尝试新的角度，直到你发现一些闪光的东西。

现在你就明白了“写，删除，重复”这套写标题的方法。也许你已经练习了类似的方式。希望如此，这意味着你已经走对了。要记住，你必须有严谨的纪律性并且愿意删除。不要对你的想法太过珍惜，不要过分保护你写的东西，要相信自己会一遍比一遍写得更好。相信自己，并且加倍努力。相信你自己能打造出一个真正吸引读者的标题。当你这样做的时候，请全部删除，再重新来过！

“手套和靴子”

我是“手套和靴子”博客的忠实粉丝。我经常访问的网站很少，但“手套和靴子”就是其中之一。遗憾的是，他们近期不再发布那么多东西了，但有一个很好的材料档案。我在这本书中写他们的原因是，在他们的一个视频中，他们非常明智地指出，通过用夸张和误导性的声明（也就是所谓的点击诱饵）来过分装点你的标题和导语，你最终会失去可信度。

这就是我非常喜欢这个博客的原因之一。除了迎合了我对吉姆·汉森式木偶的喜爱之外，博客背后的人显然对网络营销很有思路。

等等，木偶戏？

哦，是的，我忘了提“手套和靴子”是一个马里奥和法警的视频博客。我不知道马里奥是什么动物，但法警绝对是土拨鼠。你应该在视频网站上搜索他们的资料，看的时候你会觉得超有趣。不过说到如何吸引点击这个重要话题时，你必须吸取这个经验教训。

正如“发发”在其中一个视频中指出的那样，如果你过分夸张地夸大了题目或导语，并且在内容本身上没有得到回报，你将在你和读者之间制造一种不信任感。这很糟糕。当然，这并不是说你不应该试着去写引人入胜和引人注意的标题，你绝对应该。但是，使用诸如“你将看到最好的东西……”或“最赚钱的方法……”之类的廉价策略只会引起负面效应，除非它是真的。

事实上，就在昨天，我的收件箱里收到一封电子邮件，邀请我参加英国最受欢迎的两小时虚拟货币研讨会。很显然,完全无法量化。最终，只是一个失败的文案。有很多方法可以在标题中引起好奇和兴奋，但不要过分夸张。

不要过分夸大

从我自己的电子邮件时事通讯（你可以在 AllGoodCopy.com 上注册）中查看最受欢迎的题目，你会发现一个成功的标题不需要“搏出位”。以下是三个表现最好的标题：

“带着一本全新的免费指南旅行归来”——我自己也挺感到惊讶的，因为这个标题可以说非常字面化，甚至有点无聊。但也许正是因为这个原因，它才名列前茅。标题里包含了一些免费的东西吸引到你，因为你会想知道我去哪儿旅行了，免费指南又是什么。这个标题没有废话，只有简单和相关性。

“在你的文案里多添点想象中的问候语吧”——同样的，标题也没有承诺什么，当然也没有夸张或情绪化的处理——只是在问候语这个词上含蓄地强调了一下。事实上，整篇文案都是关于文案中的问候语，标题因为强调了内容而引起关注。

“这份写得勤勤恳恳的文案真的杀了肯尼迪吗？”——现在，它转向了点击诱饵。但好在，它也关联上了内容。如果标题是“证明谁杀了肯尼迪”，那么任何打开电子邮件希望从另一个角度看到总统枪击案真相的人，都会极度失望，毕竟这篇“直接起效”文案讲的是主标题前的一个小标题部分。相反，这个标题既利用了点击诱饵之趣，又特别强调了是和文案写作有关。

你可以看到，在标题中避免夸张和误导性的声明是应该的，但如果你适当地传达你的内容，你仍然可以利用点击诱饵式的标题来达到增加点击率的效果，同时不会让你的读者感到不安和失去信任。

扰乱，吸引，融入

除了写点击诱饵式的文案，你还可以怎么做？无论你是为“脸书”的广告写标题，还是为电子邮件写标题，或者只是为了在当地杂货店的清洁剂通道上向陌生人分发传单，这里都有一种写出彩标题的技巧。它分为三个步骤。

1. 扰乱

你要做的第一件事就是扰乱读者。形式是通过某种陈述、承诺、要求、问题或者某种形象。但它必须是出乎意料的或不寻常的。

• 读这个或穷死。

• 四次“定时炸弹”式投资可能毁了你的整个投资池。

• 没读这篇文章之前，千万不要冒险在你的银行里再投入一分钱。

这些都是扰乱性标题的好例子。

当然，你总是可以使用“4U 法则”作为指南。你的标题独特吗？有紧迫感吗？它对读者有用吗？它是超具体的吗？确保你至少能正面回答其中一个或两个问题，你就不会差得太远。至于标题的导语一栏，有两个主要的灵感来源：一个是考虑点了你的标题，看到文案的读者；一个是考虑那些正在读你标题的读者。

有关从文案本身吸取灵感，你要关注那些细节的东西，也可以是提供的产品或服务的独特之处。你关联的文案肯定会有大量的主题供你参考。最重要的是，一定要把它们融合在一起。

假设，你在兜售一个有关金融市场交易的咨询服务。你关联的那篇文案的主要想法——以及服务本身——都是关于只要你听从了这项咨询服务，学会金融市场的交易方法，就能让你提早退休。

你可能会发现，有些人对于能获得免费礼物比较“上心”。毕竟说到底，有些人就是看到免费礼物会很激动。但是也有很多只对最终结果有兴趣，也就是你销售的产品究竟好不好——此处便是，究竟可以从退休年龄中减掉几年。这两个角度都是有效的——你只需要测试它们，看看哪种角度效果更佳，哪种角度对你的那部分市场有吸引力。

如果是从读者身上汲取灵感，就要看他们平时看点什么新闻或电视节目，或者考虑一下他们的个人需求。还是以金融咨询服务为例，你可以多关注新闻中关于晚退休的消息。他们已经在新闻中看到了这些消息，而且他们的脑子里也已经开始担忧这些事情，所以当他们在你的广告标题中看到这个消息的时候，它将更具扰乱性（即打乱读者的思绪）。或者，你可以尝试引用这样一个事实，即几乎每个人都想提前退休。

现在，你的标题就有了一个扰乱式的元素，而且与文案本身的内容直接相关。到目前为止，这是最重要的部分，所以在这里花了很多时间。如果你只是想写一个新的标题，你可以不用看下去了。但如果你想写一个更长的标题，下一步就是增加“阴谋”。

2. 吸引

一旦你确定了如何扰乱读者，你就需要通过增加另一层次的阴谋来装点标题。你需要问的是，究竟是什么让读者想要了解更多？以及为什么？这里的关键是要确保你不会错误地将“令人着迷”解释为“含糊不清”。尽管你想让你的文案保留一点神秘感，你还是需要使用具体明确的语言和图像。你还需要保持简短，不要在一个话题上喋喋不休。在这个阶段你不需要增加很多文字，添加一两个更有趣的细节就可以了。

例如，如果你的标题现在完成到：“揭秘：如何每天获得报酬”，你可以增加一些更吸引人的要素，例如：“揭秘：如何每天让你不劳而获。”这么做，只不过是增加了一些引诱性，让人们觉得“我必须要知道里面讲些什么”。

3. 融入

最后，你的广告文案必须做的一件事，就是让读者融入进来。这一点至关重要。不管你的标题有多么具有扰乱性或是多么引人入胜，如果读者不参与并点击，一切都是徒劳的。你需要给读者明确的指导、激励，并反复向他们确认，不点击你的文案会很遗憾。让我们分步骤具体解释。

首先，不要随便默认读者知道需要点击。我知道这看着很明显，但很有可能，你是写给老年群体的，他们并不像你想象的那样精通互联网。不仅如此，从设计的角度来看，广告也常常会含在纸媒里边。请一定说清楚，要采取行动，但不是仅此而已。确保你也鼓励读者点击。不要只说“点击这里了解更多”。你可以写，“请尝试单击此处，就能立即了解详情。”你需要让读者清楚地看到点击时会得到一些回报——无论得到的东西有多小，或者多偶然。

其次，如果你真的想卖成功，一定要试着让读者相信点击广告是个好主意。不要用“点击这里，你会发现秘密”，试试“点击这里，你会真心高兴自己发现了这个秘密”。再次强调，这是一个非常小的调整，但增加了额外的情感接触，这将下意识地给予读者点击的动力。一旦他们点击，你就成功了。这个广告也就完成了它的使命。万岁。记住你要做的就是：扰乱，吸引，融入。

非原创“战场”

在任何行业，你都要花好多时间去想一个原创的邮件标题，以吸引注意和点击。工作很辛苦，对吧！我来问你，你真的要这么辛苦吗？尤其是当你有办法可以“借用”现有的标题——也许它们在别处看起来很没意思——但用在你这里，效果远远超过任何原创作品。嗯——这听起来非常有趣。

记住这点。我已经在很多场景中测试过，通过响应式邮件发给超过 6.5 万名订阅用户，每一次都证明这个技术可以带来最多的点击数。

另外，你要知道，这并不是让人点击然后立即失去关注，或者引起垃圾邮件嫌疑：每次我测试它时，点击通过率（CTR）也高于平均值。

在我解释如何使用这种特殊的“无聊”标题来提高点击率，同时保持体面的点击率之前，让我针对标题再讲一些基本原则。这就是：一定要混着用，不要连续用。尽管这项技术会带来非常高的点击率，但如果你在每一封邮件上都这样做，你的读者就会开始意识到你在做什么，久而久之就开始忽略你的邮件了。

为什么你总是点开某些标题

我的这个建议似乎违背了正常逻辑——为什么你要借用一个既无聊，又反复出现的标题？重点是，有一些看似无聊的，基本上起到通知作用的标题，你总是会去点开它，无论你看到多少次。

例如，你是不是会经常点开这样的标题：

“您有一份来自亚马逊（英国）的订单。”

或者，可能是：

“格伦，你有一个‘脸书’通知待查看。”

或者，甚至是：

“格伦·费雪（@allgoodcopy）在推特上关注你了！”

让我告诉你，你打开它们的频率远比你想象的要多。当然，你也会很快地删除或归档它们——这样来看的话，保持某人注意力的时间就会非常短。但我测试点击率的时候已经证明，借用它们来获得点击是有可能的。

是的，使用这样的管理员类标题，可以提高电子邮件的点击率。但公平点说，我已经听到你在想：天哪，究竟怎样才能在我的常规邮件的标题中，引用亚马逊的发货通知？

老实讲，你需要根据你要推荐的业务板块，自己去找出答案。但我很确定，每个人都有一些标题内容可以用到这种技术。说真的，这需要一点聪明的思考。

以亚马逊为例，我推荐的是一份如何在亚马逊卖二手货的指南，邮件开篇我是这么自圆其说的：我很厌倦看到这样的邮件标题，因为它们一出现，就说明我又花了不少钱。然后我就开始说到，使用亚马逊赚钱的方法。“脸书”通知的案例中，因为我的客户是要联系用户建立一个脸书页面，所以就自然而然关联起来了。

不要生拉硬套——这只是可供选择的很多方案之一。你可以总是储备着这类方法，然后当合适的时刻到来时，你就可以立即把它派上用场了。然后突然间，你的点击率就涨起来了。

秘诀

个性化的标题和导语是可以实现的。现代营销技术使我们能够收集潜在客户的个人信息，例如他们的姓名。有了这些信息，我们可以“直呼其名”地与对方交流。我相信你也收到过某家公司发来的信息，标题就类似于：“格伦，看看这个。”

我最近收到了一个营销邮件，标题上甚至写着我家狗的名字帕布罗。在标题中看到你自己的名字，总能让你一惊（或者你的狗的名字，也会有这个效果），也确确实实引起了你的注意。当然能引起你的注意了。这就是为什么在测试当中，我们发现包含个性化元素的标题总是优于大众化标题。

但是，这是一个很大的“但是”，我恳请你谨慎使用这项技术。个性化技术使用得越频繁，这类标题就越显眼。你的读者很快就会开始将刺眼的个性化标题，与你的电子邮件联系起来。到那个时候，个性化就从一个有效的工具变成了一个恼人和世俗的把戏了。我的建议是，你真正有什么个人化的因素要与客户联系的时候，才使用这项技术。这样，它仍然是一个真实有效的工具，而且每次使用，都会有很好的反响。

第十章　吸引和保持读者的注意力

市场营销是一场看谁能吸引到注意力的较量。

——赛斯·高汀

任何一个称职的文案撰稿人或营销人员都会告诉你：如果你想写出成功的文案，你必须先写出一个伟大的标题和导语。最上面的几行字，最能抓住读者的注意力，从而让他们耐下心来聆听你要推荐的内容。事实上，很多专业人士都会告诉你要把 80% 的时间花在标题和导语上，剩下 20% 的时间花在其他内容上。我自己就是这么做的。

但这个想法有问题。你看，很有可能你现在使用的标题和导语几乎毫无意义。我读了很多很多文案，都看得出来，作者花了大量时间来雕琢一个惊艳的标题和导语。有一些文案做得很好，作为读者，你会想继续读下去，了解更多。这就可以算完成任务了。

但往后看，越看越不对劲。作者像是突然失去了创作能力。随着文案的继续，他们像吸了毒一样，彻底忘记了自己的标题和导语内容，就像没有标题这件事一样。

如果没办法一遍又一遍强调，就不要把你的精力都放在取一个精致的标题上。不断地强调？那不是过火了吗？不，绝对不是。怎样做更好？你可以提出一大堆新的观点，用不同的角度去让你的文案显得复杂深刻；又或者，你就坚持一个核心的想法，一遍又一遍地重复它，完全没有在吓唬你。你可能听说过马尔科姆·格拉德威尔的书《引爆点》，好的，整本书都是关于这个想法的，即反复重申核心理念。

任何一篇文案要想成功，它的主要承诺、主要声明，都应该在整个文案当中反复被强调——要一直留在读者的脑海中。你应该确保标题和导语中的承诺或声明，至少每一页上都要重复一次。我说的不是用聪明的、越发抽象的方式去重复它，我说的就是逐字重复的那种重复。

如果你已经在标题中承诺了会有 X 多的回报，那么就重复这些确切的数字。如果你在题目那部分使用了一个类比，请在整篇文案中使用完全相同的类比。如果你丢了一个时间框架，在整篇文案中都要使用相同的时间框架。有时候走运的话，当你需要重述标题时，你可能只需要复制和粘贴标题就行了。当然，如果它确实改变了叙述的流畅度，你可以稍微编辑一下，但确保不要漏掉关键元素。

相信我，如果你这样做，你的销售额一定会提高。事实上，做得够好的话，还会急剧提高。有一次，我利用这个技巧，将推广效率提升了 15% 以上；还有一次，这个创作原则帮助促销活动在短短 6 天内创下 10 万英镑的收入。

如果你，或者你雇用的文案作者，写了一个突破性的标题和导语，千万不要写着写着就忘了，那就太浪费了。

脚本内容前后一致

请看下面的笔记：

关键利益——淘金热——独特性

每一页

从 1000 到 15000 英镑的预测——贪婪 / 有用性

4、5、7、9、11、20、22、23

195 个席位——稀缺性

11，18，36 外加 21，30

12 月 20 日星期三——紧迫性

3、13、14、33 外加 24

金币——贪婪 / 稀缺性

28，29，37 外加 12

关于利益点的地图——独特性

1 外加 11

从你的沙发上——使用方便

2、4、11、16、21、22、29、33、34

虽然现在看起来像毫无逻辑，但我保证它将帮助你节省花在审查和编辑你的文案上的时间。它会大大提升你的文案效率，而且简单极了。从开始到结束只需要 5 分钟。听起来很有趣？很好。我来告诉你这是怎么回事。

在“直接起效”文案界有一个古老的概念，叫作“金线”。如果你以前从来没有听说过，也很容易就能理解。它说的是，就一篇长文案而言，你应该确保同样的想法贯穿整个文案，从标题一直到呼吁行动。它要说的是通用广告中坚持一个想法的威力，也就是说坚持一条信息要比试图传递大量信息更有威力。有道理，对吧！

但是，当然，总有一个“但是”在里面。“金线”的概念有点高层次和过于概念化，我不太喜欢。我想再深入一点。没错，假设你在销售黄金开采的咨询服务，你肯定不会突然开始从埃隆·马斯克在亚利桑那州开发超级电池的内容开始写。这是两个不同的想法：金矿开采和可再生能源。坚持“金线”原则，那么你在一篇关于金矿开采机会的营销信中，内容理所当然地都应该关于金矿开采。这很有道理。但是在实践层面，当涉及写长文案的时候，专注于把那根金线从头到尾紧紧地拉住，而把其他的东西都随意剔除掉，这样就足够了吗？答案是：绝大多数情况下不行。为了使长文案更有效，你需要加入更多的元素，或者说加入更多的金线，这些添入的元素其实和主要思想一样重要。所有这些不同的元素也需要贯穿整篇文案。下面看看，你怎样可以做到。

希望你跟得上我。我个人也觉得，前面 200 个左右的词有点烧脑。为了弥补这一点，这里有一个“硬”例子供你学习，它来自我自己写的一篇长文案。为了把背景交代清楚，我先告诉你，这封销售信是关于一个投资金矿公司的机会。这家公司很快就要找到黄金和其他贵金属了。所以这封信的基本要旨——也就是“金线”——就是要邀请人们“在世界上最大的新淘金热中获得一席之地”。在整篇文案当中，我需要确保我几乎在每一页都提到了这个关键要旨。但是，当我开始写这篇文案的标题时，我添加了超出基本要旨的更多内容。实际上，我增加了6个附加元素。它们是：

1. 专家为读者做出的收益预测。
2. 该项服务席位有限。
3. 新成员加入的截止日期。
4. 承诺前50个回应的读者可以获得一枚货真价实的金币。
5. 一张地图，告诉读者他们可以在哪里申领他们的股份。
6. 关于你可以在沙发上，轻松完成申请的步骤细节。

现在，上面这些元素中的每一个，都需要加入到复杂的标题“大军”里，无论它们代表着紧迫性、独特性、超具体还是有用性。我们在第八章中已经讨论过了这些评估标准。现在，我希望你们能掌握并加以运用的关键要点是：这些元素中的每一个都要逐一在后面的文案当中贯穿到底。如果某个元素在标题中提到了，它就需要贯穿整篇文案。如果没有，这意味着你要么错过了呈现关键销售要素的机会，要么你给读者留下了悬而未决的问题——这个更糟。好消息是：正如我所说，我有一个非常简单和实用的方法，用来检查你是否在整个文案中做到了从头至尾的“穿针引线”。

这个游戏的目的是确保你不仅兑现了你添加到标题中的关键元素，而且在整个文案中你都再次回顾了它们。以下是我的操作指引：

首先，拿出一张纸和一支笔。这很容易。

接下来，你要抽取出每一个关键元素添入标题，将它们变成一个单词或短语。我是这样做的：

1. 专家为你做出的收益预测 = 一个数字“1000 英镑和 15000 英镑”。

2. 该项服务席位有限 = 一个短语“195 个席位”。

3. 新成员加入的截止日期 = 一个日期“12 月 20 日星期三”。

4. 承诺前 50 个回应的读者可以获得一枚货真价实的金币 = 一个词语“金币”。

5. 一张地图，告诉读者他们可以在哪里申领他们的股份 = 没有特定的词，就是地图本身的图像。

把这些单词或短语写在你的白纸上。现在，把你列表中的第一个词或短语，找出它在文案中每一个出现的地方，并记下它出现的页码。要做到这点很简单，你只要在 Word 文档或者谷歌文档中，通过主菜单中选择“编辑”，然后选择“查找”，就可以把它搜出来了。输入你要搜索的单词，它们全部都会被突出显示。完成之后，结果应该看起来像这样：

关键元素：195 处，11，18，36。

然后，对每一个关键单词或短语进行搜索。最后，你的白纸上应该呈现为：

关键利益——淘金热——独特性

每一页

从 1000 到 15000 英镑的预测——贪婪 / 有用性

4、5、7、9、11、20、22、23

195 个席位——稀缺性

11，18，36 外加 21，30

12 月 20 日星期三——紧迫性

3、13、14、33 外加 24

金币——贪婪 / 稀缺性

28，29，37 外加 12

关于利益点的地图——独特性

1 外加 11

从你的沙发上——使用方便

2、4、11、16、21、22、29、33、34

一旦你理解了，我们就可以进入最后一个步骤。现在，你有了一张标题中所包含的关键元素清单，而且能清晰地看到它们在文案中的出现频次。在我的例子中，你可以看到我的“金线”理念（关键利益、淘金热）出现在了“每一页”上。我这么宣传已经很久了，所以我几乎是本能地会去坚持“金线”理念。你也可以看到，我同时还勾选了其他一些元素。基本上,我总是能保持页码的某种连贯性，页码与页码之间的间隔不超过3~4 页。随着你的文案经验越来越丰富，你也会自然而然地牵引出越来越多的关键线条并让它们贯穿于你的文案中。

此外，对于部分的关键元素，我将它们圈了起来，并在数字系列旁边标记了一个“十字”。比方说，我根据页码连贯性检查下来，只在第3、13、14和33页提到了紧迫的截止日期。这些数字之间存在很大的空白，特别是在第14页和第33页之间。

发现这个情况，你就应该检查文案并寻找可以重复这些关键元素的位置。当然，这取决于你自己的判断，很有可能文案的这个部分已经塞了太多关键元素，你无法轻松地添加它们了。比如第3页和第13页之间，就很难找到这样一个位置。所以我接受它们之间的差距有点大，因为这部分包含的要素已经够多了。但第14页和第33页之间的差距就太大了。这对于一个元素来说，太久没有提到它了。所以，我就在这两者之间找到了一个地方——第24页——重复了一遍。按照这个流程，我对每一个在信中没有妥善重复的元素都检查了一遍，确保它们出现在了该有的位置，并在整个文案中把这些线条收紧。整个过程大约也就花了5分钟。

简直疯了？很有可能。不可思议地合乎逻辑。理所应当。但严肃地说，对于任何刚刚完成初稿的作者，这都是一种伟大的训练。这个方法简单且有效，确保标题里所含括的关键要素贯穿于文案始终。我保证它将使你的文案更有效。在审阅文案时——包括审阅我自己的文案——这常常是人们会犯下的最大错误之一。在这么长的一段文字中，很容易让阅读的人多多少少分心，所以经常提醒读者注意你从一开始就“安插”好的关键元素，就变得尤为重要。而这个检查方法就可以确保你做到这一点。

当然，在你把彩虹线拉得又美又紧之前，你必须先写点东西。我之前一直在说，稍后就会在本书中讨论这个问题，现在，我就要开始分享如何着笔写一篇文案了。

为什么你总需要像鲍勃·迪伦一样打开

“夜晚时分，酒吧间响起枪声。

帕蒂·瓦伦丁从楼上下来。

她看见酒吧招待倒在血泊里，

高声叫喊‘天哪他们全都被杀了！’

飓风的故事就这样开始了。

这个人因他从没做过的事被判入狱，

而他本可以成为一个世界冠军。”

鲍勃·迪伦的这首歌《飓风》就是这么开篇的。多么惊艳的开场！手枪响了，酒吧招待倒在血泊中，所有人都死了！你必须知道发生了什么，对吧！所以他告诉你：这是“飓风的故事”，一个为“他从未做过的事”而被判入狱的人。不仅如此，他本来还应该是“世界冠军”。怎么会？这里头有什么故事？你被吸引住了。故事的场景已经设定好，你肯定想知道更多。

无论你要写什么——一首歌，一份促销文案，一封电子邮件，一篇博客文章，一篇时事通讯文章，一段杂志消息——你都应该像鲍勃·迪伦一样写好开篇文字。

如今我们的问题都是时间太紧凑。更重要的是，太多的东西在吸引我们的注意力，所以很多事情都被丢在了路边。当你要用一篇文案吸引别人的注意力时，你必须从一开始就做好准备。否则，之后发生的一切都会失去关注。你用区区两百个字，就可以做出世界上最伟大的声明，你可以披露某名女性与乔纳森·罗斯有一段婚外情，你可以免费发钱，你可以分享把水变成酒的秘方，但这都没有意义了，因为你从“你好”开始就失去了观众的注意。所以问题就来了：你要如何做到强势开篇？嗯，这当然有很多方法，但我的建议是：从最末尾开始！

无论你的作品是什么，都请先照常写出来。把你的想法写在纸上就行了。别担心你是怎么开始的。但完成后，务必再看一遍。通常十有八九，你的观点、你的理由都藏在文案结尾处。藏在那里可不好，没人会看到底。所以，复制它，并把它粘贴到每个人都能看到的最开头。然后，就是把它和你原来的开场白联系起来，你就完成了。这样一来，你就大幅增加了选择继续阅读你文案的人数。棒极了。

让你的句子发出烤香肠的滋滋声

哪个脑袋正常的人，会在早上吃香肠三明治的时候，思考句子结构？我。现在，你也要动动脑子。读完一篇稿子后的几分钟里，一个读者仍然记得一句话的句尾。就在那里，你记得“句尾”，对吧！现在在“句尾”这个词上重复两次，它真的就开始在你的脑海里萦绕了。所以，通过巧妙地改变句子结构，你可以利用这个方法来强化你的文案的核心主题。

看看这句话：“你将能每日赢利，而且每天只花 10 分钟时间。”

这句话的结尾是“每天只花 10 分钟时间”，如果这是你推广文案的核心信息，那完全没问题——也就是强调这个事实，每天只花 10 分钟时间。但是，如果你在推广文案的其他地方一直强调这样一个想法：你可以每天都这样做呢？如果有细微的变化，你就应该这样做结尾：“一天花 10 分钟时间，你就能赢利在每一天。”现在读者的思绪会在“每一天”上停留更久。当然，这是一种很微妙的东西。但就是像这样的技术上的小调整，再加上你所做的所有其他的小调整，才给了你一篇真正成功的文案。

引导读者阅读你的文案

保持读者的参与度是你能学到的最重要的技能之一。在任何业务中，你的读者都是你的潜在客户。为了有效地与他们沟通，鼓励他们参与到你的商品体系，你必须保证他们的兴趣度，仅仅几秒是不够的。而讲故事就能达到这个效果。

最成功的电子邮件、销售信函和广告通常都有一个故事元素，总是有某种形式的叙述，它们有趣且引人入胜——这让读者想读得更多。这也是增加点击的来源。

用段落小标题带领你的叙述

文案作者通常对段落小标题不太友好。实际上，大多数情况下小标题不过是被当作标点符号来使用。当然，段落小标题在长文案中也的确起着标点符号的作用。但这只是一种用途，它的用处可不仅于此。事实是，你文案使用的小标题是否亮眼，可能就是你的文案最终是否成功的“分水岭”。所以，让我们假设你已经接受了，必须要在段落小标题上多花费些时间精力。

现在的问题是：你能做什么使它们更强大？要想真正提高一篇文案的质量，你的小标题应该和你的大标题一样诱人，具有燃点。当你构想你的小标题时，没理由放弃你在构建主标题时遵循的那些原则。

例如，如果你将“4U 法则”（这意味着标题应该是有用的、独特的、紧迫的和超具体的，正如我们前面所讲那样）用于检查你的主标题，那么你也应该将它们应用于每一个段落小标题。从最低限度来说，你的每一个子标题也都应该至少向读者传达一个明确的好处。这有两个原因：

1. 一名读者在阅读你的文案时，只有当小标题不断提醒他后面会有某些明确的利益好处时，他才会继续读下去。

2. 对于任何一个浏览文案的读者来说，子标题最能再次引起他们的注意。在你的主标题完成了最初使命之后，一系列的子标题就成了抓住眼球的一道又一道“安全网”。

注重打造子标题，还有第三个间接的好处。那主要是为了你自己好，属于一个技术操作的问题。如果你的子标题是详细的且明确呈现了利益好处，那么它们就变成了一种目录，帮助你确保自己的思路“金线”紧凑一致，确保你已经涵盖了所有你想要表达的内容。

段落小标题可以内容繁多

当你要写文案的主标题时，你应该确保它尽可能的简洁和直接。

它需要以最快和最有效的方式使一个想法具体化。但是对于子标题，你就可以放松一点。

因为子标题主要针对的是那些渐渐失去兴趣的人（包括本就打算随便浏览一遍的读者，以及没有认真阅读的人），所以你需要确保里面有很多好东西再次吸引他们的注意力并迫使他们继续阅读。此外，还要提供一个明显的好处——为一个问题提供解决方案。比方说，你还应该在子标题中加入一些次要的好处。

假设你在推销一款缓解背痛的产品，你的子标题不应该只是说：

"如何使用这款特殊的热垫减轻背部疼痛……"

而是要添加第二、第三甚至第四个好处：

"体验这款经过科学验证的热垫如何为你缓解背痛一整天——它很轻，不显眼，并且不到 5 分钟你的背痛就好多了。"

当然，这是个很粗糙的例子。但你懂我的意思就行了。第二个版本显然更强大了，更有可能重新吸引一位浏览的过客，或鼓励一位兴趣不足但还是想知道更多的读者。

因为在这个子标题中提到了很多你想知道的事情——放松的速度，科学的证明，产品的隐秘性——你会想继续看下去了解更多。

给你的子标题"加码"

把注意力更多地放在你的子标题上，并且添入可以抓住访客注意力的利益好处，现在看起来已经很不错了。但是你还可以做些别的事情来为你的宣传"加码"。

你看，到目前为止，我们想当然地认为子标题应该是后续文字的预告，当这些问题解决后，就要加上一个标点符号，也就是新的一个子标题。没错，长文案基本上都遵循着这种模式。事实证明也非常成功。

但要让文案真正脱颖而出，还有一些略微不同的调整方法。在一个子标题下的文字，其实没必要把子标题中“挑逗”读者的内容悉数说完。不如让一个问题悬而不决，直到下一个子标题之后再回答它（同样的，下一个子标题下的内容也不要悉数说尽，依此类推）。这会非常有用。

记住你的读者是很聪明的。他们读书，他们看电影，他们看电视。他们的“无意识”已经被训练得很警惕,会记录下任何未决问题，直到答案最终出现在他们面前。通过让你子标题中的某个元素悬而未决,你就可以进入这个自然的思维过程,让读者更深入地参与其中。

注重打造你的子标题，并不会使一篇糟糕的文案变好，但是将这些技巧应用到一篇已经很好的文案上，一定会使它变得更好。

秘 诀

在写长文案的时候，比如博客文章、销售信函或电子邮件等，你需要不断地让读者感到吃惊，不断刷新他们的注意力。不管你的文案写得多好，你的读者都会渐渐分心，这是很自然的事情。我们生活在一个处处都是“分心点”的世界。这就是为什么你要有规律地打断你的读者，主动去确保他们的注意力没有被分散。你可以用诸如“等等！你刚刚读懂了吗？”或者“后面的内容恐怕会让你震惊！”这样的感叹词句来断开你的文章。其他方法有，精心挑选一些和你文案相关的图像，也会有效；或者用一系列短小、尖锐的要点序列，可以把读者分散的注意力拉回来。

第十一章　正确运用“称呼语”

电子邮件很不正式，类似于一份备忘录。但我发现，不署名、没有适当称呼语的邮件很让我讨厌。

——朱迪思·马丁

别只是说句“你好”

我的好朋友，我想和你聊聊称呼语。或者我应该叫文案同行？或者叫未来的文案大师会更好？当然，我只是想要表达我的观点。与经典的“亲爱的读者”相比,称呼读者其实还有更多的选择。没错，这只是件小事。但是，称呼语的使用是有其原因的，忽视它是一种懒惰的行为。这也可能是你错失的一个机会，不然你可以更好地为文案打好头阵，与你的读者建立起更紧密的联系。

首先，让我们弄清楚称呼语的主要作用。称呼语最通常的作用，就是将吸引注意力的文案元素有效链接到主要内容上去。在电子邮件中，它将读者从主题行或标题栏带到电子邮件的正文内容。在销售信函中，它本身就是信函的开头。你甚至可以在一个简短的在线广告中看到一个称呼语，而且在这个场合下，有效使用它更为重要。请记住，无论在哪里出现称呼语，它都能有效地提醒读者，这则消息是针对他们的。

如果你用心思考一下，会发现这本身就很有趣。任何一篇广告文案都会引起某种不信任和迟疑——你想想，什么时候你从亲戚那里收到过一封信，上面有着一个标志性的标题和一个子标题，承诺你将获得超越你全部想象的财富？我们经常忘记读者其实对我们的销售意图心知肚明。但最好的广告似乎根本不像广告。其实，任何个性化的处理方式都可以让读者忘掉你的销售意图。如果文案背后的想法足够吸引人，那么一旦标题完成了吸引读者的任务，读者就会迅速放下防备，转而去深入探究文案内容。在这个转变点上，称呼语有助于指引道路。

礼貌是浪费时间

传统的称呼方式可以让读者放心，他们读的信不是机器写的广告，而是来自一个真实的人。下面，你会看到一个典型的称呼语用法，它的作用不过是和读者对话，让他们深信自己是在读一封信。这是一份关于交易程序的广告文案（我想是斯图尔特·戈德史密斯写的），这个程序叫作“秘密旗手交易员”，是由一个叫盖伊·科恩的家伙写的：

星期二上午 10 点 50 分

亲爱的朋友，

想象一下这个场景——

1941 年，处于纳粹风暴的骑兵队们……

加上一个时间是一个很好的做法，但称呼语本身只是一个简单的“亲爱的朋友”。然后，它开始进入一个经典的（也非常成功的）基于图景的引语。所以，我们到底需要“亲爱的朋友”吗？也许不需要。但它没有用得很突兀，也实现了称呼语的传统功能。我确实认为它可以处理得更完美。我马上就会解释原因。首先，让我们来看一个例子，这里面的称呼语就用得很突兀，本身就是多余的。

这是一份为了推销美国实时通讯《退休百万富翁》的广告文案，由阿戈拉的一个分支机构“斯坦斯伯里及联合方投资研究机构”出版。

到目前，斯坦斯伯里的内部文案团队已经打造出了一些当代最好的金融业“直接起效”文案（他们也是我前面提到的“美国终结”促销活动的幕后推手）。但在这里，我认为传统称呼的使用变得完全多余：

亲爱的读者，

你好，我叫大卫。

我一生的大部分时间都在……

明白我的意思吗？正式的“亲爱的读者”称呼紧接着是非正式的“你好，我叫大卫”。在读过正式的称呼语之后，你基本上要回到最初的“设置”，重新看一遍文案。所以在这种情况下，传统称呼完全可以删掉。

你是不是无意间变得没什么“人情味”？

问题就在这里：传统的“亲爱的读者”是相当客观无情的。它并没有把我——作为一个读者——和其他人区分开。这份文案的作者可能是在对我讲话，也可能是在对住在马路对面的玩黑手党游戏的人讲话。为了更好地吸引读者，你需要更具体、更明确一些。到了落笔写作的阶段，很可能你已经对你的目标读者做了大量研究，翻一翻你的研究成果。理论上，你必须要对你的目标读者做大量研究。如果没有，在写下一个词之前，回去做一遍。一旦你确定了你要写信给谁，你就有思路和办法去写得更加具体明确了。

当然，你也不想钻得太深，这反而会让对方想要疏远你。但像这样的成果是理想的：

> 亲爱的摄影师同行们：
>
> 像专业高手那样开始拍摄吧！

这是我的朋友，同样也是做文案撰稿人的杰拉尔德·伍德盖特为一款摄影产品写的文案。他知道他的目标对象，所以你可以看到他非常明确地限定了称呼范围：“亲爱的摄影师同行们。”我个人觉得“亲爱的”可以省掉。仅仅“摄影师同行们”会感觉更平顺一些。但对于一份由摄影师写给另一位摄影师的文案而言，这个例子已经非常棒了。如果我是一个很有专业嗅觉的摄影师，读到这篇文案时，我会立刻产生兴趣，感觉它是在直接对我说话。实际上，我认为“某某同行们”这样的称呼，可以很容易地应用于几乎任何一种文案。你应该试试，但这不是唯一的选择。

实验一下你的称呼语

我合作过一位撰稿人，他当时在为一款外汇交易类教育产品写广告文案，目标受众是那些在金融市场上没什么作为的交易员（如果你还不知道外汇交易是什么东西，就不用操心去了解了——这不是问题所在。）这里就可以使用“某某同行们”这样的称呼：“交易员同行们”，甚至更具体一些“同行外汇交易员们”。然而，由于作者做了大量研究，决定将目标瞄准一群特定类型的外汇交易员，于是又有了另一种选择：我们称之为“形容词 + 某某”的称呼。

你看，你不仅能够通过定义读者的业务圈子来与他们对话，实际上你还可以利用他们的情感状态。例如，你可以这么开篇：“总感到受挫的外汇交易员们。”作为一名外汇交易员，我知道这封信是写给我的，但现在我还感到，作者很能理解我的感受。于是我就更有兴趣了——想听听这家伙会说什么。

毫无疑问，人人都知道情感元素在文案中的价值。在你的文案中加入就算是一点点的情感元素，也无疑会增加价值。当然，要不要进入情感领域，取决于你自己的选择。我只是希望你能看到，相比你起初以为的加一个简单的称呼语而言，其实你可以做的还有很多。以后，要是你看到一个称呼语不属于“某某同行们”或者“形容词 + 同行”的范式，赶紧测试一下。也很有可能，你自己可以开发出一种全新的称呼技巧。

秘诀

当你要写任何一篇文案的时候，记得在你的草稿上写上称呼，并且在最后签名盖章，即使正式文本里最后不会有你的名字。这么做是为了提醒你，读你文案的是一个真实的人。就算仅仅加上“亲爱的读者”这样基本的称呼，也有助于提醒你写东西要有人情味。我们常常因为躲在电脑屏幕后面，埋首于繁杂的研究当中，而不知不觉迷失了自我，忘记了是要给谁写信。

第十二章　叙述的重要性

我们讲故事给自己听，是为了生活下去。”

——琼·狄迪恩

在我们的头脑里，我们都是厉害的讲故事人

几年前，我和一个不怎么讨喜的家伙进行了好几次面谈。他是那种类似于做心理治疗的人，对你在生活中真正想要达到的目标，以及你是否真的在做你想做的事，充满了“感同身受”的情绪。你知道那种类型的人吧！说话非常慢，频繁地缓缓道来“当然，伙计，我懂”；在每句话的结尾处，都有一种奇怪的倾向总是要说，“……或者，你可能存在偏执问题？”然后以一种过于刻意的方式点点头。

大多数人对这种类型的人都很反感。“混蛋，你对我的问题了解多少？把你的伪心理学讲给太阳照不到的部位听吧。我的生活把控得很好，我就是需要这样有点压力，所以去你的吧！”有时候也可能

没那么生气。据我后来观察，这家伙实际上相当聪明，属于所谓的“治愈系”。他希望提供切实的建议，并且会有意识地去避免那种做心理治疗的陈词滥调。

在我和他的几次约谈中，我还学到了一些对文案写作很有帮助的、有趣的想法。当然，这不是我和他交谈的目的，但可以算是一个额外收获。让我印象最深的一个观点是，如果你不好好沟通，有时候一个微小的误会也会愈演愈烈，最终失控。

我对沟通很有兴趣，我认为世界上的绝大多数问题——更不用说文案创作了——都是由于缺乏沟通造成的。我们人类被赋予了难以置信的巨大力量，去用语言来实现具体内容的交流。然而我们却常常选择含糊其词，最终导致不必要的争论，甚至冲突。

这个“能说会道”的家伙描述了一个场景，比如有一天你工作到很晚还没回家，你实际上没做错什么，只是被困在会议或其他什么事情上了。因为你认为这“没什么”，就没有去和你的伴侣做解释。你觉得会议很快就要结束了，如果你晚了一点，家人也不会很担心。好的。但是会议还要再持续 30 分钟，因为你一开始就觉得这没什么，所以你仍然没有告诉你的另一半，反正很快就要结束了。是的，嗯，没事儿。在家里，你的伴侣在想……好奇怪，这会儿应该到家了呀……多半还在办公室走不了吧。一切仍然很好。然而到现在，老板还是不散会，那个人见人厌的员工还在问一些莫名其妙的问题。

与此同时，家人已经等了一个小时了，你的伴侣真的开始觉得有什么不对劲了。他们怀疑你是否在酒吧喝酒，他们怀疑你是否有了外遇，他们怀疑你可能在回家的路上出了事故。然而你呢，还只是坐在会议室里，嘲笑地看着客户服务部的吉米为什么还弄不明白，为什么你的老板还不告诉他“就去试一下”。可是在家里，就你的伴侣而言，你已经死了。他们觉得，如果你在外面喝酒的话，你不会不告诉他们的。你长得如此之丑，不太可能有什么外遇。所以你一定是在高速公路上出车祸了，此时此刻正躺在路边的沟渠里，方向盘卡在你的喉咙上。你的伴侣开始担心保险问题、葬礼安排，过多久“见见别人”才会被社会接受……“天哪，要如何告诉孩子们？”他们开始认真思索起来。

这时候，你终于走出会议室，看到手机上有 30 个来自家人的未接来电。你听了几个哀悼你死亡的留言，还有一个困惑的保险销售员要你赶紧回电话。这整个场景演练是为了证明——即使在完全无辜的情况下，缺乏沟通也会导致巨大的误解。而对于这样始终在思考文案创作问题的人，我还领悟到了一些其他的东西。

编故事是人类的天性

这种误会升级的场景，让我感觉很符合现实。我相信你也可以想象，在类似的情况下，你和你的伴侣之间也会产生这样“愈演愈烈”的误会。有趣的是，这个场景让我们想起了人性的另一个事实，那就是我们都很善于编故事。不仅编故事，我们还擅长用华丽的奇幻情节去填补故事空白。回到写作上，我们经常试图向读者展示完整的图景，并且假设我们所描绘的图景在他们的脑海里和在我们的想象中看起来是一模一样的。但这现实吗？

做一个简单的收入预测……

比方说，我预计你今年可以赚到 2 万英镑的外快，想必你会同意这是一笔相当不错的额外收入。没错，如果你现在的收入是 2 万英镑，那么你肯定认为那很好，收入翻了一番。但如果你现在能挣20万英镑，那么再多赚2万英镑，就不会让你那么动心了。但如果我换一种说法，我说预计你可以每月赚到不少外快。你会认为是多少？显然，这要取决于你目前的收入。如果你目前挣2万英镑，你想象的可能是一个月多赚1000到2000英镑，你对结果也会感到很高兴。如果你目前赚20万英镑，你可能会考虑的则是每月多赚1万或2万英镑，这个数字才会让你高兴。明白我的意思了吗？

一位经验丰富的文案作家读到这里，肯定会以为我在推荐一种模棱两可的文风，类似于想办法推荐素食者去吃牛排那样。别担心，我可没有发疯。具体性原则仍然最管用。但有时候，你的确可以让读者自己去创建图景，这样更有效。

让你的读者想象一下这个机会有多大——不要让你的收入数字限制了他们内心的潜在可能。让你的读者描绘他们心中的完美生活——不要让你的想象力限制了他们的想象空间。让你的读者思考他们面临的风险——不要让你的担忧情绪限制了他们的思考范围。很多时候，你在思考文案中的叙述元素时，其实可以省些力气，让读者自己去讲述他们自己的故事。

就好像……

我敢肯定你已经注意到了，现在的年轻人似乎很喜欢说“就好像……”。我见过很多脱口秀主持人提到这个奇怪的小变化，称之为未完成的明喻。

也许你还记得那个词——明喻——来自遥远的英语课堂，对吧！基本上，明喻就是比较两件事的一种比喻，通常用“就像是”或“类似于”来形容。你知道怎么给这些句子打分：

我头痛得就像被犀牛撞了。

那只猫的脏毛看起来像是 ×× 的头发。

我饿成狗了。

哪一类东西。

当涉及写促销、广告、插页、电子信件、时事通讯、指南、报告等等——任何你试图传达想法的文案时——明喻都能大大地帮助到你。

运用明喻的力量

你可以用简短尖锐的比喻来强化一个想法。我的朋友及专业文案作家詹姆斯·伍德伯恩在他的一篇文案中就做得很好，他将即将发生的金融灾难与定时炸弹做了类比。在写到恶性通货膨胀的威胁时，他这么比喻：“……这就好比你要和迈克·泰森赤手空拳打 15 个回合。”

一个好的比喻不仅可以强化一个想法，还有助于解释一个复杂的想法。深奥的经济学理论很难解释，但你马上就能感知到一颗定时炸弹在你的脸上爆炸，或者被迈克·泰森打上一拳，都不是什么好事。这个比喻创造了一种类比，让读者一下子就理解了艰涩的经济学概念。

再来看看我很多年前写的一篇文案，也是用一个比喻来形容一个艰涩的概念。这里，运用比喻是为了解释大部分体育博彩服务都会遇到的瓶颈。读一下这篇文案，看看它是怎么处理的：

“某些个星期五，我们总会时不时地亏钱。这就是事物的本质。

不管你有多完美，运用多全面的分析，有时候事情就是不按常理出牌。

就像板球运动。

你看，谢恩·沃恩是有史以来最好的投球手之一。

在理想的世界里，他每次都会投出完美的球。他的球总是在旋转最快的时候落地，让击球手们一一出局。

但即使是谢恩·沃恩也不是完美的。

当然，大多数时候他会把球投得很好，得到他想要的结果。这就像我们在正常的星期五，轻轻松松锁定了 64 英镑、32 英镑和 41 英镑的收益。

有些时候，他还会投一个大满分。

这可真的把击球手吓坏了。他们紧张不已。这类极端完美的表现，就像我们有时可以‘大捞一笔’一样——赚个 810 英镑。我们不会一直这么走运，但是在‘超级星期五’，我们还是有过这样的机会。

有时候，沃恩也会扔出一些‘短’球。

它们很不理想，给了击球手一个很好的机会，砍下 6 分。这就像我们偶尔遭遇到的、一次令人伤心的亏钱一样。

这很让人沮丧，但我们知道这只是一次偶然的反常现象。就像谢恩·沃恩一样，接下来的几球都会对准目标，打败击球手，赢得总胜利。

其实真正让我们感兴趣的，是累加的结果。比如去年，那时候虽然我还在测试和检验分析系统，但要是你能按照我每周五发出的操作指示，算下来你一共能赚到 2400 英镑。

记住，这完全是免税的。你所赚到的每 1 镑利润都是你的，你可以随心所欲地存起来或者花掉。‘爱抢钱的政府’一分都摸不着。”

这是一整套的类比，可以说是在扩展这个概念了。通过使用这个扩展的比喻，读者可以看到更大的画面。没错，即使是最好的投球手有时也会出错,就像是最好的博彩服务一样。但从总的结果来说，他无疑还是最好的投球手。

开发出一个好的比喻，其实就像是把玩不同的想法。但有一个关键点你必须注意——

人们要能普遍理解

你需要确保这个比喻是能被大众理解的。

定时炸弹和迈克·泰森、板球和谢恩·沃恩，这些都是被大众耳熟能详的。这也是为什么这种比喻很有效果。如果詹姆斯使用亨利·阿姆斯特朗，人们会想，他是谁？他也是一个拳击手，如果你和他打上 15 轮，你也会伤得不轻，但他的名字并不广为人知。所以，确保你做类比的内容必须是众所周知的。

最后，轻松一下，看看我最喜欢的比喻，来自《黑爵士》：

鲍德里克：我有一个非常，非常，非常狡猾的计划。

黑爵士：是和狐狸一样狡猾？就是那个在牛津大学教狡猾学的教授，后来去了国际狡猾计划高级委员会工作的狐狸？

这就是明喻！

秘诀

在我成为一名“直接起效”文案作家之前，我想我只读过两本用第二人称写的书：一本是伊塔洛·卡尔维诺的《寒冬夜行人》，另一本是杰伊·麦金纳尼撰写的《如此灿烂，这个城市》。用第二人称写东西总是显得很奇怪，但是在“直接起效”文案界，用第二人称写文案是我非常鼓励的一种做法。只要有可能，你都应该把“我”改成“你”，并且重新调整句子的措辞，使它自然通顺。这样做，你的文案就更完美了，也会更加吸引读者。

这种奇怪但有效的第二人称写法，会把“你”，这个读者，引入写作的环境中去。它会让“你”，这个读者，成为这篇文章的主角“英雄”。即便写起来有点奇怪——甚至让你心中潜藏着的英语老师和语法大师惊声尖叫——毕竟你在同一个段落奇怪地混淆了各种观点——你也要尽可能地忽略你头脑中的声音，去写真正引人入胜的好东西，不要管语法正不正确。

第十三章 “证言法”的悖论

我很了解他。

——莎士比亚《哈姆雷特》的错误引用

基于证言的行业

几个月来，我的一位前合伙人一直没法坐下。事实上，她几乎不能走路。在最绝望的时候，我们感到她似乎永远不会好了。理疗师建议她做运动，用胶带绑住她的屁股，开止痛药来掩盖不适。然而，还是没有任何改善。最终她进行了核磁共振扫描，发现问题的原因是：L4 / L5 腰部区域发生脱垂。你我能理解的就是：一个圆片滑落了。这很糟糕。用外行的话来说，就是位于你脊椎骨块之间的减震器向左后方突出去了。就像被躲在长满青草的山丘后的神秘枪手打了一枪一样，这真正的原因始终是未知的。我们只是知道问题发生了，而且情况很不妙。下一阶段就是吃药——吃很多很多药。几个星期来，这个女孩一直躺在床上，用麻醉剂来减轻疼痛。但很快就发现，这也不起作用了。

从外科医生到疼痛专家再到理疗师，我们不停寻找能解决问题的人。每个人都提出了自己的想法，而每一次，似乎都只起了一段时间的作用。很快又遇到了一个新问题，于是不久后，所谓的解决方案也无济于事了。当谈到背疼的问题，我开始意识到每个人都能说出一段自己的故事。你可能也有一段背疼的经历。如果你现在没有，未来的某个时刻也许也逃不掉。这只是时间问题。渐渐地，我发现，因为在脊椎的问题上没人真正说得清楚原委，所以这个行业几乎完全依赖于患者证言。

放满患者证言的文件夹

就在这个女孩继续与病魔抗争的时候，一名出租车司机发现了她很难上车，于是建议用大蒜片来缓解关节疼痛，他认识一个男人有着同样的问题；服务员看到她在等上菜的间隙会站一会儿减轻脊椎压力，于是推荐了一种枕头，他们的妻子也有同样的问题；又有一次，一位健身房教练看到她在地板上扭动以锻炼核心肌肉，就建议她做另一项运动，为什么这么建议？——你猜猜看？——因为他们认识一个有同样问题的女人。我们听到了一次又一次的由衷建议，每一次我们都很迫切地想知道，这一次分享的解决方案是否真能起到作用。这其实就是证言法的吸引力——如果这个方法对他们有用，为什么会对我没用？

最后，一份证言把我们带到一家脊椎医院，位于卓姆——在伦敦郊外的一个叫萨里的小镇。我们一起去了那里。在等待咨询的时候，我们看到了一个宣传视频。这看起来很奇怪，但很有效。在继续等待的同时，我们拿起了放在咖啡桌上的一个文件夹。里面是一份又一份的患者证言。在页面左侧，你可以阅读机打的患者信，在右侧可以阅读原始手写版本。我觉得这很有趣。

文件夹里收藏着来自老年妇女、儿童和中年男性的各种信件——描述的症状都和她很相似，然后解释了医生的治疗方法以及最终如何帮到他们。整个文件夹读起来都很让人信服。甚至在我们还没坐下来问诊之前，我们已经被灌输了浓厚的希望，那是一种感觉，觉得这里一定能治好她。

那天晚些时候，当我们绕着卓姆公园散步并考虑整个事情时，这个女孩不断提到我们问诊前，在文件夹里读到的那些患者证言。这个文件夹俨然变成了信任和希望的平台。在这么多人的建议不见疗效之后，终于遇到了一位久经验证的好医生。因为大家在同样的情况下，都在这里得到真正的救助。

我无法想象她的背部会 100% 复原——这种问题一旦发生了，就会永远跟着你——但是她选择在卓姆治疗之后，疼痛明显减轻了，活动能力也得到了巨大的改善。

我不知道我们在文件夹里读到的证言是不是真的，也不知道这次治疗咨询是不是真的给她提供了正确的解决方案。我想说的关键点是，那些证言摆在那里，为女孩带来的慰藉，显得那么有力和令人信服。

没错，证言很令人信服，但人们总是在广告文案中读它们吗？不，不一定。

一般来说，人们不看证言内容

情况是这样的。我要在这里说一些可能打破文案传统的话。但是如果你接受我的话，你对文案工作会有更深一个层次的理解。其实人们感兴趣的不是证言的内容——他们只对证言的存在感兴趣。当然，内容必须与你所销售的产品相关，除此之外，通常情况下，证言的内容并不重要，关键是有人在说。

你错了，格伦，人们会去读证言的内容，有证言的文案效果好多了。

没错。当包含证言时，文案的效果通常更好。但也不对，因为人们其实不读证言。相信我，我可以证明。事实上，让我来解释一下，为什么认为人们总是在读你所有的证言，是一种幼稚的想法。

有一名初级文案写了一篇稿子，效果不太理想。为了清晰地找出这篇文案的问题所在，我使用了一个技术朋友推荐的新软件——热映射——它记录了读者对文案每一部分的关注程度。结果很有趣。我发现，几乎没人注意到这些证言。人们读文案，一旦读到证言部分，就很快翻过去了。要过一会儿，他们的注意力才会被再次吸引住。于是我压缩了证言的部分，发现转化率竟然增加了 2%。这是一个有趣的发现，但还要做更多的测试去验证这个结果。我并没打算宣布写证言是多余的——其实在内心深处，我知道它们是转化率的有力推动者。但同时，我也知道一定有更好的方法来处理它们。

我帮助打造的一份新的外汇咨询服务文案，效果就很好。随着这个服务本身的发展，编辑这边要求加入客户证言，于是一大堆证言摆到了我面前。我知道加入证言的目的，就是在现有文案的基础上，进一步增加转化率。然而之前，我利用热映射软件做过测试，知道读者对于证言部分不过是一览而过。我意识到，过去的这种在宣传材料中使用客户证言的方式，反而削弱了好的推荐词的力量。以至于到如今，人们对于推荐词的内容几乎没什么兴趣——看到证言部分的存在就够了。

实际上，包含在文案中的客户证言，本身应该可以增加客户的响应——因为人们在其中能看到别人对产品的正面反馈——但如果你只是逐一将它们罗列出来，读者很快就会感到厌倦，然后一览而过。

更好的办法去利用“证言法”

就任何一篇文案而言，要想鼓励人们花更多的时间阅读客户证言，你就需要花时间“带领”他们一步步读完。如果你只是把一大段文字放在页面上，这看起来确实令人头疼。因为很多推荐词不是由受过专业训练的作家撰写的，所以你希望突出的一些重点会被埋没掉。这就是为什么我要建议你做好三件事，以确保你使用的证言能带给你最大的好处。

首先，你需要尽可能地压缩推荐词。当然，你不能改变证言的意图，也不能增加其他含义（除非你能与证言的作者进行对话并获得调整证言的认可）。我只是建议你从证言中删掉任何拖沓，或者不利于推广的部分。例如，一份客户推荐词原来是这样的：

“干得好，格伦。前几天我在公交车上读了你的书，有个家伙把音乐放得很响，我差点没法用心看书。但我觉得你的书真的很棒，我会把它推荐给我所有的朋友。祝你一切顺利，也期待听到更多关于你的小狗的消息。”

当然，这样的客户反馈看上去很可爱。但如果你要把它直接贴在一份文案上，那就太长了，而且里面充满了无关的细节。在不改变证言意图的情况下，你可以将其简化为：

“干得好！你的书真的很棒，我会把它推荐给我所有的朋友。”

这样一来，你就提取出了关键的细节，整个证言部分变得更简洁，信息传递也更清晰了。如果你能像这样压缩客户的推荐词，就再好不过了。但如果你无法在不改变证言的总体意图的情况下，去筛选细节，那么你可以做第二件事来更好地调整它们。

正如我之前指出的，问题在于人们对于证言部分不爱细读，只是草率地一览而过。也就是说，读者通常更关心你在主文中的叙述。怎么解决？把证言里的内容挑选一些，塞到主文本中去。改变传统的将整个证言部分堆在一起，你其实可以把关键的词组抽出来，编写入你的主题内容。例子：

“当你拿起我的书时，你就会发现为什么一位读者会说，她打算把书‘推荐给我所有的朋友’。”

作为主文本的一部分，这个短小的引用仍然起到了第三方推荐的作用，并且它是以一种能引起关注的、聚焦式的方式传达出来。

秘诀

不要回避客户的负面评价。拥抱它们，迎面解决它们。心里要有底气，你文案中推销的产品或服务是很好的，所以你可以支持它，你不惮于用积极的方式处理负面评价。打消他们的顾虑，就客户可能没有获得良好体验的原因，提供适当的反驳意见或加以解释。如果处理得够好，以这种方式攻克反对意见的做法，会极具说服力。

第十四章 给出报价

我会给他一个他无法拒绝的提议。

——马龙·白兰度,《教父》中的台词

忘了你的奇思妙想,它们毫无价值

我们小镇当地的商店,终于找到了使冲动购买与获得价值之间完美结合的方法。现在我就在收银台——等着店员把我的东西打包,然后“叮”一下扫描记账——这时候我注意到了,1 英镑 4 块奇巧巧克力(Kit Kats),我知道我不应该买 4 块。但是 4 块那么多,只要 1 英镑,太划算了。尤其是当你看到柜台的收银机屏幕,如今 1 块“奇巧”就要卖到近 70 便士。你要是不花 1 英镑买 4 个就太傻了。

那么,这和“直接起效”文案有什么关系?我认为我们有时候提出的想法过于“柏拉图”,忘记了在所有成功的“直接起效”文案背后,通常都需要一个非常好的报价。这个报价通常应该经过装扮,摇身变为一种所谓的“价值主张”。这是什么意思？让我们来看一下。

想法固然重要，但报价也不可或缺

没有一个好的想法，你永远写不出一篇真正具有突破性的、能“扭转乾坤”的文案。有时候，单凭一个好的报价就可以推动业务发展，甚至报价本身就会被视为一个聪明的想法。比如《经济学人》以 12 英镑的价格打包卖给你 12 期。这本身就是一种想法。虽然从本质上来说，它更多的只是一个很好的报价，或许对生意也有一定帮助。但它始终无法从根本上改变业务前景，只有真正伟大的想法才能做到这一点。不过你要记住，一个真正伟大的想法背后，仍然需要一个好的报价作为支撑，否则也难以起到作用。也就是说，即使有了最好的想法，如果不提供给读者一个强有力的价值主张，你也永远得不到理想的点击率。

不要忘记“直接起效”文案的整个逻辑就是要从读者那里得到直接的响应。还有什么比让他们获得价值更好的方法——如果你给我那个，我就给你这个。

我所说的价值是什么意思？4 块“奇巧”1 英镑，就很有价值。我是怎么衡量的？我是根据 1 块“奇巧”值多少钱的想法来衡量的。我个人认为，1 块“奇巧”应该需要 70 便士。请注意，这与“奇巧”的实际成本无关——重要的是客户的认知。如果你给我报价 4 块奇巧 1 英镑，我就可以快速做出评估，确实很划算，我要买。

所以，你在文案中提出价值主张时，也需要重新创建这样一个过程。你需要提出一个看似很有价值的报价，它对标的是你的读者对这样东西的成本的看法，而且这种对比需要很明显。即我认为 X

值Y价钱，但我只需要付Z。太好了，我要买。有时候这很容易。比如你在卖一些有形的东西，如一本书或一本指南，而你的报价低于该商品的成本，那么它显然就很有价值。此时，你就不需要再做太多额外的事情了（尽管理想情况下你应该做得更多）。

但很多时候，你卖的并不是像“奇巧”那么有形的东西，比如某一种服务——这种东西人们感知不出它的成本。这就比较困难了，因为你的读者没办法评估出心理成本。他们对你的产品或服务的感知价值，可能与你的心理标准有很大的不同。在这种情况下，你要怎么做呢？答案很简单。但你还是需要回到客户那里，好好“美化”一下给到他们的报价，原因是—

情感决定需要逻辑推理

如果你有一个好主意，并且你的文案与读者建立起了情感联系，那么他们就会很愿意购买。他们被吸引住了，他们很兴奋，他们要把这件事告诉全世界。

但是，这就出现了一个问题。他们需要向别人证明，自己的购买决定是正确的。这人可能是他们的伴侣、家人或工作伙伴。也许只是他们自己。不管是谁，在你成交之前，你必须要帮助你的读者找到买你东西的理由。你看，当你提出用100英镑订购你的服务时，读者在想：这真的值100英镑吗？我的伴侣会怎么说？我要怎么去描述这个服务？啊！这个购买决定好像有点冒险，我要失去信心了。你说我能拿回钱是什么意思？我为什么要拿回我的钱？

当然，你的文案里边，肯定已经包含了各式各样的证据，它们都在努力帮助你的读者找到购买的理由。但是为了最终成交，除了你提供给他们的证据之外，你还必须为他们提供明显的价值，这个价值必须要超过他们对你销售的产品或服务的感知成本。

这可以通过以下方法形式达成：

• 与产品或服务相关的礼物，以增加有形价值——你可以与你的客户交谈，询问他们有哪些东西可以作为额外礼物附赠。

• 可以换购其他东西的代金券或信用工具——美国一位伟大的文案作家乔·施里弗真的就为人们提供了一张空白支票，这也许是我见过的最厉害的例子。

正如你所看到的，有很多方法可以为你的产品增值——如果可能的话，我建议你同时做到这一切。说真的，你能增加得越多，就越可能超过他们对你的产品或服务的感知成本，你的报价也就越有效。

这里得出的经验很好理解：一旦你完成了所有的工作，找到了你的好想法，吸引了读者，并向他们证明了为什么你的想法这么酷。这时候，千万不要就此止步。所有好的“直接起效”文案都需要一个好的报价来完成交易。你需要停一停，重整一下思路，想想看你要如何才能卖出一个超过读者心理价位的东西？有了这样的思考，你就离销售订单滚滚而来不远了。

你的报价方案应该与产品有关

30 天试用期究竟是从哪里来的？说真的——如果你知道，请写信告诉我。如果你为在线产品或服务写过文案，你肯定会对 30 天试用期很了解。也许，你正在为一个 Clickbank 网上银行或其他合资企业推销产品或服务，那么你可能会遇到它的“哥哥”：60 天试用期。说实话，我对它们真是烦透了。

当然，这很有效。这种报价提案可以说是久经考验了，刺激人们去购买 X 产品或试试看 Y 服务。但我总是认为，我们可以做得更好。作为文案撰稿人，我觉得我们的责任是了解什么可以激励人们购买，当我们看到有好的刺激方法的时候，我们就得用上。

我觉得含有试用期的文案已经过时了。这就像当你加入一家新公司，然后问：“为什么我们要做这种效率低下的事情？”你得到的唯一答案竟然是：“因为我们一直都是这样做的。”在我看来，这也就是为什么绝大多数的文案都要包含 30 天试用期的原因。你同意吗？或者更确切地说，如果我说会有更好的方法来提供试用，你是否愿意听一听？我希望如此。如果你跟上了我的脚步，那就让我们来看看为什么我们要提供试用期吧。这其中有几点原因。

首先，这是为了让人们在有保证的前提下带有投机性地尝试一些东西——如果没有承诺得那么棒——你可以拿回你的钱。我依稀记得有个类似于德雷顿・伯德这样的老派广告人写过，这个操作发源于洗衣机，我也记不清了——可能是我在胡诌。

其次，其他人都这样做。这也是一个原因，别忽略了。这也是很多人提供免费送货的原因。从前，免邮服务可不是像今天这样到处都有的。但是慢慢地，市场发生了变化，现在你必须要提供免邮服务才能和别人竞争了。这和免费试用的情况是一样的。如果你不给这个服务，反而会看起来很奇怪。

最后，它消除了购买决策的风险。人们在考虑要不要买一种产品或服务时，如果他们知道可以在一个月内改变主意，那么购买的决定就容易得多。

我们都懂要在文案中包含试用期的原因。但是我提出的问题不是关于原则，而是执行。

我的建议是，没有理由将试用期限制在 30 天或 60 天的规定范围内。

试用期的存在，是为了让潜在客户有机会试用所述产品或服务，以确定该产品或服务是否真的符合广告文案中所做的承诺。很公平，不是吗？好的，接受了这一事实之后，我们就要再次审视这些产品或服务了，要注意问一句：客户实际上需要使用它们多长时间，才能确认产品与文案承诺相符？

这样自然延伸之后，我们建议一个产品大概需要 16 天才能“成熟”，也就是需要 16 天的试用期。如果一个服务承诺在一年内可以获得 X 的收益，你需要提供一个相应的试用期。当然，我们之中的商业头脑们会有疑问，为什么要给如此长的一段试用期，在这期间客户都可以退款，这意义何在？因为如果所述业务和提供的真实服务不符，更值得担忧。

我在这里真正要说的是，我们要更多地考虑产品或服务本身。认真问问自己，是否有一种方法可以更好地推广产品，比如 21 天的试用期实际上更适合，而不是市场普遍规定的 30 天试用期。

当然，21 天实际上不到 30 天，从技术上讲，看上去是一个更糟糕的保证期。但是，如果你在文案中承诺的是读者将在 21 天内获得 X 收益或在三周内完成 Y 收益，那么你的试用期给了客户实现目标所需的准确时间，这会显得更有说服力。这还隐含了一个什么选择呢？

你有 21 天，万一不起作用的话，后面还有 9 天的余地。

希望你明白我的意思。这不是什么大事，但这正是很多人会忽视的事情。不过好在，这件事情很容易解决。下次你写报价提案，当你打算写入一个典型的、市场所普遍认可的 30 天或 60 天试用期时，停下来想一想，有没有让你的试用期和实际产品更加贴合的方案。

确保你没有误用这个词

除了吃早餐的时候担心句子结构，我还担心如何使用一个特定的词语。它很具破坏性，显得你很虚伪。对我来说，没用好这个词，就标志着你雇佣了一个懒惰的（或者本来就很糟糕的）文案撰稿人。或者更令人揪心的是，你的产品或服务确实不好。所有这些都要归咎于一个简单的词的误用！不过别担心，解决起来很简单。

无论你是自己写销售文案，还是为了自己的生意需要审查别人的文案，能够及时发现这个词语的误用，将大大提高文案的效力。

这个常被误用的词究竟是什么？为什么它会破坏你的销售？可能你已经猜到了，它就是“独特”这个词。

但那可是 4U 法则的一个 U 啊！一个好的销售文案不是应该具备有用、超具体、紧迫性和独特性吗？

事实上，这的确是应该的。你说得对。只不过，你不应该直白地去说某个东西是独特的。关键是要说明它为什么独特。我的头发很独特吧！估计没什么人和我拥有一样的发量，而且头发还都朝着同一个方向倒。是的，我的头发很独特，但这并不意味着它是好的。

事实上，也许很糟糕。当然了，美发师们怎么评价我的头发，这一点都不重要。重要的是，你要意识到仅仅说一些东西是独特的，这还远远不够。

好的文案必须挖得够深。比方说你为什么喜欢我的头发，因为我的发量很多。它是中棕色的，夹杂的灰色越来越多。当我还是个孩子的时候，我可以用它们盖住我的耳朵，因为我的耳朵有点招风。现在，如果头发长得很长，还会有点卷。你看，通过深入挖掘为什么某些东西是独特的，你需要挖掘出一些有趣的细节。

让我们把这个理论应用到产品或服务上。

假设你受雇于一家为人预订活动场地的公司写文案。他们需要你为新的宣传册写一些文案，目的是鼓励企业通过他们为一些特殊活动预订场地。他们告诉你他们是行业领导者，而且他们非常擅长预订匹配的活动场地。他们觉得这些信息已经足够了。但是当你平静下来仔细思考的时候，发现还有一个最为关键的问题——

他们独特在哪里？

啊哈！

问题就在于，很多公司对自己的业务吸引力深信不疑，以至于忘记了怎么让其他人也同样感到有兴趣。他们忘记了竞争对手对于自己的业务活动同样充满信心。仅仅“好”是不够的，你还得深入挖掘。在深度探究产品或服务的独特之处的过程中，你会发觉更具销售价值的细节。有可能，你的客户方是唯一一家提供企业活动完整方案的公司，而不仅仅是预订场地。这个发现将给你的文案带来很大的竞争优势。

如果你的销售文案中缺少这些有趣的细节，如果它只是呆板地陈述“XYZ 是独特的”，那么你就需要返回到产品或服务本身，再做深入挖掘。不断挖掘，直到你发现让产品或服务脱颖而出的特殊细节，然后利用这些细节来“点亮”你的销售信息。如果你有一个好的产品或服务，一个你真正相信的产品或服务，它就一定会有某些特殊的细节慢慢显露出来。你要用各种办法去把它们给“引诱”出来。

秘 诀

以一种讨人喜欢的方式来展示你卖的东西的价格。例如，在 Kindle 上花 100 英镑可能显得很贵，但如果你这么说，每天只要花 30 便士，就能读完所有你想读的书，那么这就突显出这单交易的价值了。或者，将成本转移到客户已经认可并认为理所当然的花费上去。比如，每年花费 1000 英镑获得专家的理财建议，这听起来可能很昂贵，但如果你这么想，这笔花费摊薄到每一天，比一杯咖啡还便宜，是不是就听起来比较合理了？

第十五章　有疑问的句子，就删掉它

我知道你很喜欢这个部分，而且它确实写得很好，但你知道必须得删掉它。

——约翰·福德，审阅我的文案时给出的意见

避免废话连篇

最近，我和一群英国最好的文案作家一起喝酒。一整个晚上，我们大部分的时间都在讨论销售文案的写作，以及是什么成就了一份优秀文案。最后发现，大家都拿不定主意。没有人真正知道是什么让一篇文案成功,而导致另一篇失败。这只是一个对比测试的过程，你控制一些元素不变，然后改变一些元素来测试效果，看看什么有效，什么无效。但在说到如何获得点击时，知道什么事你不应该做，会有很大帮助。

在这一章中，我会和你讨论一系列很有用的写作技术，它们能帮助确保你的文案简洁、干脆、没有废话，而不像华夫饼那样黏糊糊。

好的文案都是一样的简单明了。很多人都犯了长篇大论的错误。多年的测试证明，长文案的效果很好——长销售信和广告会花时间来讨论和证明产品或服务的有效性。但是太多人把写了很多与说了很多混淆了。

你写了很多，并不代表这里边没有废话。以海明威著名的一句话故事为例："出售：婴儿鞋，从未穿过。"仅仅几个字，就说出了一整个故事。

那要如何避免长篇大论，确保你尽可能有效地说出你需要说的话？很容易，关键是你要对自己严格要求。

首先和往常一样，你想写多少就写多少。开始长篇大论吧。这个过程完成了以后，就忘记它，离开。把它搁在那儿几个小时，甚至一天，然后再回看你写的东西。记住你想表达的主要观点，重新阅读这篇文案。这时候，凡是看到任何与你最初观点相关性不强的东西，都要删掉。如我所说，要严格，如果有疑问，接受海明威的建议：有疑问，就删掉它。剩下的就是一篇更加紧凑有效的文案了，它会更易阅读，也更有趣。用好这个技巧，你就可以真正写出不腻味的文案，你的初稿将变得更加紧实，后续也不需要太多编辑工作了。

运用“三振出局”法

“三振出局”为棒球比赛术语，即三次未击中投球员投出的好球，而被捕手捕接到球，被判离开球场。这是一个小技巧，你可以用它来确保你的文案总是直击要点。这听起来可能有些没有同情心和戏剧化，但它确实有效。先通读你的文案，在读完一段之后问你自己“那又怎样？”如果你能回答这个问题，或者下一段也可以回答，那就很棒。但如果无法回答，那就考虑记一次失球。然后读下一段，再问一次这个问题。上一段的原因解释了吗？有什么明显的好处吗？如果是的话，那就过关。重新设置你的分数记录，然后继续。如果不是的话，再记下一次失球。

按着这个流程审阅你的文案。如果你得到了“三振出局”的结果，如果里边关于产品好处的理由和内容都不充分，就可以停止了。你需要好好调整一下。因为此时此刻，你面临着失去所有潜在客户的风险。现在，你及时插入关于产品或服务好处的内容，或在前面三段的任意部分插入，已经变得极为关键。因为你必须要把好处凸显出来，要给读者一个继续阅读的理由。

例如，我曾写过的一封销售信：

“这家伙从来没有涉足交易场所。他中奖最多的是两次 10 英镑。他的父母 60 多岁，普普通通，没什么财富。而且他也很耿直，不会做弯弯绕绕的交易。”

那又怎样？目前还没有明确的理由让你继续读下去。

这是第一次“失球”，让我们继续：

“他有很多赚钱的思路，不同的收入来源，不同的制度。但他坚持说：系统本身并没什么关联。”

那又怎样？这有点有趣，但如果我们有很多“临床”经验的话，就觉得没有明确的理由继续读下去。二次“失球”。我们现在已经在废话边缘了。我们必须谨慎起来：

“这是关键。认真听好了：你马上就要获得第二笔常规收入了。你会发现，如果你像这个人那样做，一个月多赚 1960 英镑、2438 英镑，甚至 3828 英镑都很容易。”

瞧！有一个明确的好处并且给了读者一个读下去的理由。“失球”分数可以重置，你可以继续评估余下部分。

随着你的文案经验越发丰富，当这种危险点出现的时候，你会有一种更自然的第六感。渐渐地，你就不需要去践行“三振出局”法了。但这个方法确实有帮助，践行它可以提高任何广告文案的效果。

另外，这种方法可以用于任何一种长度的销售写作。例如一个三行广告：如果读完后你还在问“那又怎样？”那么此时，你就知道自己遇到问题了。又或者，如果你正在写一份工作申请（一份工作申请也是销售文章的一个类型）：如果你的潜在雇主正在阅读你的申请书并问“那又怎样？”一旦达到三次以上，基本上你也没什么面试机会了。

下次你要靠文案来卖东西的时候，一定要试着问“那又怎样？”然后运用“三振出局”法来看看你该如何改进这件作品。

为什么这些句子这么短？

现在,是时候对我说实话了。我之前让你做的“机械学习”练习，你做了吗？我希望你做了。如果你做了，你可能已经知道了一些关于“直接起效”文案的门路，但也可能你还没意识到。一会儿我就给你解释。

首先，如果你没有抄写那封信，我给你一分钟时间坦白。如果真的没找到时间——那么，现在请花点时间去做。说真的，在你继续之前，花半个小时坐下来写一份。它给你的帮助将是无穷的。

当然，我在瞎扯什么，你当然照做了。你很专注。你渴望成功。你知道，遵循我在书中每一章为你列出的步骤，将帮助你掌握一项技能，让你的事业或职业彻底改变。那么，就让我们开始吧。

抄写销售信的时候，你注意到的第一件事，可能就是句子和段落都很短。事实上，整本书都有点这种倾向，对吧！一切似乎都被切短了。短小精悍的文风，很容易阅读。有时，你甚至会认为你的阅读速度怎么比平时变快了。

你的发现很对。这是故意而为的。这也是你学到的第一课。可能你还没意识到吧！但是，这是非常有益的一课：学会用这种简短、简单和直截了当的方式来写作，对你帮助无穷。显然，要实现这种文风，你必须勤加操练。有很多方法可以帮你积极练习，学会这种写作风格。但是到目前为止，掌握这种风格的最好方法是：

写得更清晰更简洁

这是我会教给任何一名文案或编辑的写作技巧。这并不难，也不费时，当然也不是很花哨。事实上，这是一个在文字处理上的、非常简单和纯粹的技术改进。它对写文章、博客帖子、自动回复邮件文案和短广告特别有效。对于移动设备的文案推送，也特别有效。但不管怎样，在我解释如何运用这个技巧之前，让我们简单思考一下它背后的哲学。我的意思是，我不想鼓励懒惰的一代文案作者。我现在这样做是为了建立一个榜样标准，希望你也能做到。

人们总是称赞我的文案风格。他们说很吸引人，清晰简洁。但事情是这样的，没有理由你写不出这种风格。我写作清晰简洁的原因很简单——就是大多数时候——是我强迫自己去适应大众的消费文案的方式。思考一下：近 70% 的订阅用户是通过手机端阅读我发在 AllGoodCopy.com 上的新闻邮件。你知道，手机的屏幕相对很窄——你在一行上放不了很多文字。所以，只有你的文案很窄—只有你限制一行中的内容——这样才会更便于阅读。

但这并不新鲜。在移动互联网兴起之前，人们通常在电子邮件上看文章。它们也很窄。大多数窗口被各种功能键和广告插件所占据。在那之前呢？人们在报纸和杂志上看文章，而那些报纸和杂志上的文章……是的，你猜得对：窄。都被特别设计过，然后塞入某个栏目。为什么要这样？因为这意味着一行上的文字更少，更便于阅读。

正如我所说，这不是什么新想法。只是很多人似乎都忘记了。

我没有忘记，你也不应该忘记。事实上，你应该经常考虑它。虽然官方数据的差异比较大，但总体来说，应该有 55% 到 75% 的电子邮件是通过手机阅读的。2018 年底，已经有非常庞大的人群会在移动设备阅读他们的电子邮件。在你写文案的时候，你必须注意到这一点。

有一件很简单、很容易做到的事情，可以立即改善你的文案效果，那就是标题要写得短。在移动设备上，无论多么精心设计的句子，一旦它的一部分从屏幕上消失了，它就会变得毫无意义。除了自动换行，一些邮件应用程序还会刻意切断邮件主题的中间部分，然后用省略号代替。比如："真高兴我不讨厌这件事"，可能会变成"真高兴我……讨厌这件事"，意思就完全变了。一般而言，我认为主题行应该保持在 50~70 个字符之间，通常相当于 10~15 个英文单词。另外，在可能的情况下，试着将主要内容放在标题前面，如果标题结尾处的单词被掐掉的话，读者仍然可以从标题的开头知道你要讲什么。

今后，你 80% 的文案都会被人在移动设备上阅读。你认为人们会愿意滚动屏幕，浏览又长又密集的段落吗？不可能。就像标题栏一样，你需要清晰简洁的句子。你需要用感叹号把段落分开。你需要一份不会让人拇指酸痛的好文案。好消息是，只要你能考虑到这些因素，你的文案就会自然而然地变得更加清晰简洁，就像魔术一样。

但让我明确一点：这不是你在写电子邮件的时候，才应该考虑的事情。无论是在公司网站的博客页面、全国性报纸的星期日增刊，还是在伦敦地铁的广告板上，你的文案都应该尽可能短、快、易读。

空白处是文案的好朋友，你应该确保你的话总是有足够的空间呼吸。

这就是我前面提到的技术秘诀。

Word 处理器带来的“奇迹”

在铺垫了那么久之后，你肯定希望听到一个十年来的重大发现，对吗？嗯，天哪！我想我可能需要一个律师。

实际上，你只需要在 Microsoft Word 中将页边距设置为13，将字体更改为 Courier New，将字号更改为10（针对英文）。嗯，你心里还不满意。但你应该满意。不管你是否意识到这一点，我刚刚教会了你一个纯粹的功能性变化，而这小小的变化，就能极大地提高你的创作能力。有了这些限制以后，你会开始注意到很多东西。

首先，你写的文案周围会有更多的空白处。正如我所说，把空白处看作是你的朋友：你需要尽可能多的空白处。这意味着你的文案会更吸引眼球，无论它是显示在笔记本电脑、手机还是印刷品上。文案好不好，就是看它容不容易阅读。

其次，你会注意到，当你输入超过4行文字时，你的段落看起来就有点松弛了。那很可能是因为它确实有问题。所以，把它缩短。这不是一个“硬性”规则，但完全可以参考。因为只有在极少数的情况下，你才能5~6行都用这样的格式去完美呈现你的内容。所以，不要害怕用感叹词把段落分割开来。

就像这样。

尽量试着不要让它们如此明显或如此辛苦。它们应该给读者一个喘息的机会，同时还参与到你的文案的流动中，从而增强文案的效果。

最后，当涉及较长的文案（例如一本书的一部分）时，这种格式可以很好地标示出它的长度。你能够更直观地看到它是否需要用子标题隔开（理论上应该一页隔开一次），或者索性分成不同的部分（这种格式，一般超过三页之后，人们的注意力就会减弱）。总之，这只是一个非常简单的方法，可以快速且神奇地帮助你写出更精简的文案。

尽管这么说，但在写长文案的时候，我确实倾向于使用另一种格式。通常是 Arial，字体大小为 14，页边距设置为 15。它有同样的效果，但在较长的项目上更容易处理一些。现在，对你所有的文案都要使用这种格式化技术，它非常适合刚刚起步的文案人士。这种剪切成短句子的样式，其实是优秀文案的一个标志。

最棒的炸鱼薯条和最糟糕的广告牌

“最棒的炸鱼薯条……这附近。”我家附近酒吧门前竖着的牌子。听起来不错，对吧？事实上，有一次我去吃了午饭——真的不错。但我之前一直没进去吃饭的原因，就是那块广告牌。我有一天晚上在回家的路上看到了它，不由叹了口气。这是一个写得很糟糕的标牌。下面，我会告诉你糟糕在哪里，也确保下次你为别人写短小的广告语时，不会像这家小酒吧那样浪费机会。

我承认“最棒的炸鱼薯条……”是一个好的开始。它告诉你这家酒吧正在销售的产品，很能吸引顾客——看好了，这些鱼和薯条是最好的。但那个停顿，那个省略号，把一切都毁于一旦了，浪费了巨大的机会。要写这么简短的广告，你只要把握住两件事：“声称”

和“锁定”。

这两样东西是不言而喻的。声称一个东西是好东西，就要让它有识别度，能脱颖而出来吸引读者的注意力。在一个短广告——比如酒吧标志，或一个小横幅广告，或按点击付费广告，“声称”通常是你的第一行。“锁定”是你的第二行，需要添加一些东西巩固你的声称。酒吧的标语很失败，因为第二行反而削弱了声称部分。

首先，你会想，“最棒的炸鱼薯条”。很棒的东西。你迫不及待想要尝试。但当你继续读下去的时候，你却发现它们只是“这附近”最棒的炸鱼薯条。“这附近”有多远？包括下一个街区吗？就在街上，或者就在那个特定的拐角处？

好吧，我在这里有点学究了，但最根本的一点就是：说“这附近”你就退却了。你在破坏你的主张。当你这样做的时候，你就失去了你的读者。你失去了你的顾客。你需要做的是“锁定”交易。

例如：“最棒的炸鱼薯条……还有一杯免费酒饮”，这样就很有吸引力了。为什么？因为加入“免费酒饮”是一个很好的“锁定”因素：你会得到最棒的炸鱼薯条，这还不止，你还有一杯免费酒饮。交易完成了你拿到了一个客户。

当你要写一个两行的小广告时——无论是侧边栏、横幅、点击付费广告，还是一个小标志——记得一定要把有限的空间分成两行：你的“声称”和你的“锁定”。

在文案中使用省略号

我已经提到了省略号，六个点经常出现在句尾或用于连接上下文。实际上，省略号就像是手里的现金。人们经常使用它们。我自己也使用它们，但就像其他许多人一样，每次用过度了就有些过意不去。

用省略号有两个好处。首先，创造了一种流畅度。段落末尾的省略号有助于引导读者进入下一段落，因为他们期待更多的内容。就像这样……

注意啦！你看，上一段的结尾让人更容易过渡到下一段。但请记住，这是一种人工制造的过度感。实际上，你应该尽可能地让你的段落在不添加省略号的情况下彼此流畅衔接。

第二种可以很好地使用省略号的方法，是把它作为一种暂停技巧。在刚刚那个省略号的前面一些段落中，你也遇到了一些省略号，但是你可能没有注意到，其实你每次遇到省略号的时候你都会暂停阅读一会儿。正是这个暂停给了你呼吸的空间，创造了我前面提到的过渡感。但是你也可以利用这个暂停,来给读者创造一个心理铺垫，更好地吸收你接下来要给出的那个重要“惊喜”。

上面的酒吧广告牌的故事，就是一个很好的例子，只不过它没有用好省略号。它在“最棒的炸鱼薯条”之后,定格在了“……”上，但后来给出的“惊讶”却是“这附近”。正如我们所看到的,“这附近”三个字既没有起到“声称”和“锁定”的作用，也没有使用好省略号带来的心理预期。

理想情况下，你应该谨慎使用省略号，也就是不要用得太多，因为这样可以提高它们的效果。日常工作生活中，要注意积累使用“声称”和“锁定”技术的广告和例子，或者看到省略号使用得特别好或者特别不好的时候，也要记录下来。

秘诀

在你的亲朋好友里储备几个能检阅你文案的人。比如你的伴侣、你的同学、你的爸爸，甚至你的奶奶。关键是你有那么几个人，你相信他们会开诚布公地批评你的作品，但当你有不同意见时也不会被冒犯。开诚布公是必不可少的。如果你还没有一个文案同行，你应该尽快培养一个，因为这会使你成为一个更加成功的撰稿人。记住，不要着急发布任何一篇文案，除非它被第二双眼睛检阅过。

第十六章　写文案的时间管理技巧

不要浪费时间敲一堵墙，你无法将其变作一扇门。

——可可·香奈儿

你最重要的资产是时间

写文案是一件有趣的事儿。它也很有挑战性。但是，如果你感到这件事太有挑战性，让你感到精疲力竭，或者占用了你太多的时间，那么你很可能做错了什么。所以在这里，我想给你一些建议，教你如何更好地管理你的时间。这其中大部分来自我的个人经历，主要应对的是我个人的工作方式。当然，我的一些方式未必能 100% 适合你，但希望它们能给你一些灵感，帮助你找到适合自己的方式。我会在这里给你提供五个建议，帮助你在更短的时间内更有效地进行创作。

1. 关掉，隔绝

当你坐下来写作的时候，就做这一件事——写作。消除所有其他干扰。这听上去完全是陈词滥调，但这是完全必要的。为什么？因为这个世界总是在不断制造让人分心的东西，有些我们自己甚至都没意识到。比如你的电话，收件箱。这封邮件现在需要回复，尽管这只是一个关于下周发生的莫名其妙的小事情。你房间对面的同事一直在哼小调。那边镜子上反射出来的阳光。楼下等着你的美食。为了写完下一章节，你准备要泡的第十五杯茶。

你肯定知道为什么分心会浪费时间，所以我不会讲太多。但我建议你，一定要告诉任何可能无意中让你分心的人，从 X 时间点起，在 Y 时间段里，你对于这个世界就是一个“死人”。放心吧，人们最终会明白，你是在写作，不想被打断。

2. 为什么能写出那么多吉夫斯和伍斯特的故事

P.G. 伍德豪斯是一位伟大的作家。如果你没有读过他的作品，你真的应该读，尤其是作为一名文案同行。除了非常有趣之外，他的写作风格也很犀利，节奏很快。他的文章写得并不一惊一乍（尽管有些角色确实咋咋呼呼），他的作品具有很多优秀文案的品质。如果你读过任何 P.G. 伍德豪斯的文章，你都会读到吉夫斯和伍斯特的故事，讲的是白痴富二代和玩世不恭聪明管家的故事。事实上，他的书里有着更多的吉夫斯和伍斯特的故事，以及其他珀史密斯的故事（这是另一个常出现的角色）。你懂我意思了，就是他写了许多作品。

他是怎么做到的？我认为这与他写作的方法有关：据报道，他每天都要严格地安排自己的日常作息，每天早上他都会安排一定的时间专门用来写作。年轻的时候，他一般在早餐和午餐之间就能写出 2500 字。即使在年长之后，他也坚持写出 1000 字。当然，不是所有的内容都很好。但是，通过每天留出时间专门用于写作，他总是能从每天的写作中挑出一些可供使用的好东西。如果你每天至少给写作分配一些固定的时间，那么你也一定会有所收获。

3. 留着悬念完成今天的工作

我记得在某个地方读到过，这个想法应该是海明威说的。海明威建议，每天在你准备结束写作的时候，你最好不要把一个句子或一个想法写完，留一半。我们实际上正探讨到……

看到我做了什么了吧。我的想法是这样的，如果你在写作的某个阶段，当你正在全情投入，很清楚接下来要怎么写的时候，你就应该停手。你肯定会说，我都知道接下来怎么写了，不是应该快速写完它吗？实际上，你可能很快就会感到疲惫，没什么动力了。第二天，你就不知道打哪儿开始，变得精疲力竭，却怎么也找不着灵感。

但是如果你在第一天中途留下了一个悬念，你肯定知道自己会在第二天，重新把它拾回来，然后带着一样的激情。我自己经常这么做，确实有帮助。写作中最难的事情之一，就是面对着空白页面，不知道下一步该往哪里写。但这种留下悬念的方式——尽管看起来有点反直觉，但实际上非常有用。试试看。

4. 让身体休息一下

立即审阅你刚刚写完的文案，势必会浪费你大量时间。因为距离完稿时间太近了，你很难进行有效的编辑。你会错过很多东西的。因为你累了,所以你对自己也会宽容很多。如果你等一会儿再看的话，你将能事半功倍。就像你应该在肉煮熟后让它凉一会儿一样，你也应该让身体休息一下。

去做些别的事情——最好是与文案无关的事情。一个不错的腌猪腿应该放置大约 15 分钟，而文案呢？应该至少休息 24 小时，或者过夜。当你第二天回到“犯罪”现场的时候，你会用一双崭新的、挑剔的眼睛来查漏补缺，把审阅工作做得更完美。

5. 冷却期

就像你应该歇一会儿再审阅文案一样，你在主要项目之间也应该休息一下。很少有人谈论这个，也许你自己从未经历过。但我的感觉是你应该能够体会到。你看，每当我刚完成一个重要的项目，有几天我都会头脑空白。如果你很好地完成了一项工作，你的头脑里会充满产品调研的内容，思绪混乱，根本写不出一个连贯的句子来。在这个阶段立即上马继续奔跑，可以说，是愚蠢的。实际上，你在这种精神状态下做的每件事都会花费更长的时间，效率更低，并且需要更多后续的补救。

不要内疚于自己的疲惫不堪和无力工作。承认它。积极应对它。要有足够的自我意识，明白当你在浪费自己时间的时候，你也在浪费其他合作者的时间。这时候，你要让自己休息一下，从系统中完全抽出一天的时间。把自己从推销的产品当中抽离出来，把自己从写作和思考的行为中抽离出来，然后做些别的事情。好好休息，这样你才能全身心地投入到下一个项目中去，并且重新获得十足的干劲。

现在你掌握了：上面说到的5个建议，可以让你减少面对空白页面而感到的压力和紧张，确保你尽可能有效地利用时间。当你下一次感觉到你在拖延，或者你已经到了一个才思枯竭的极限，花点时间检查一下自己，问问自己这时候把时间花到别的东西上去，会不会更有帮助。当你把一份复印件发出去之前，当它不起作用，被你扔掉之前。

秘诀

当你发出去一份文案，然后被告知这份文案不起作用的时候，请你不要急着扔掉它，或是认为这么多时间全都白费了，停下来想一想。你看，尽管这份作品看起来失败了，但现在你的手上有了一些分辨黑白的东西。也就是，你知道文案里哪些东西是肯定行不通的。在这个阶段，你可以努力思考，因为问题往往不外乎以下三种：

1. 人们就是对这个想法不感兴趣。
2. 这是个错误的时机。
3. 人们不理解这个想法。

在第一个可能性上，你也做不了什么。如果人们对这个想法不感兴趣，你再怎么调整文案，都无济于事。你只能接受你的雷达扫到了一个坏主意，然后吸取教训，下次要更加严准狠。如果是第二种，即现在时机不对，那你也无法改变市场或试图说服人们时机是对的……所以别费心了。把你的文案放在一边，做个笔记，如果你看到哪天市场情绪变化了，再把它拿出来。

在第三种情况下，当人们不理解这个想法时，你可以尝试一个更鲜明、更明确传达想法的新标题。如果这么做了以后，你的转化率提高了，你就有了一个线索，那就是人们的确是没有理解。那么以后，你就要花更多的时间来调整你的想法，帮助人们理解。

第十七章　为销售，还是为分享？

如果卖不动，就说明没创意。

——大卫·奥格威

对大卫·奥格威的质疑

“做广告是为了销售产品，否则就不是做广告。”传奇广告大师大卫·奥格威这么说道。从那时起，这条坚定不移的戒律就在文案界代代相传。这是一个很好的平衡点，一个直白的提醒。无论用什么媒介，你的目标都是一样的：你要能卖，我的朋友。如果这是你能做的最后一件事，你就要卖。但这真的是正确的目标吗？或者更确切地说，这是正确的信息吗？这个销售高于一切的公认智慧，是我们希望传递给初露头角的销售人员的信息吗？是我们想要代代相传的精神遗产吗？

我有过很多的思考。这是一个在我周围徘徊了很久的问题：有时候一个无关紧要的讨论会提起它，有时候在写一封电子邮件的时候会想到。我会仔细探讨这些想法，你也可以和我一起思考。或许你也可以分享你的观点。我希望你这样做。但在我开始之前，我必须承认：多年来，我一直坚信奥美的智慧。我一直以极大的热情宣扬他的“福音”。我仍然这样做：我让见习文案人员阅读的第一本书就是奥格威的《一个广告人的自白》。当然，我不是说完全照着奥格威来学——那太疯狂了。不过，套用美国伟大的小说家索尔·贝娄的话说：你读的东西本身毫无意义，除非它“咬”了你一口。本着这种精神，我必须站出来说：

大卫·奥格威错了。

对。我要挑战已故的人奥格威，并在今天，建议作为一个企业，你必须遵循的是“做广告是为了分享产品，否则就不是做广告”。你是认真的？这是最好的选择吗？一个充满社交媒体情绪的声明让你听了要吐。当然不是！老实说，我自己也不确定，我也很想听听大家的建议。这话之前可能已经说过了。但不管怎样，我确实认为这句话多多少少讲明白了我最近的思路。这一切要稍稍分解开来说：

如果一辆跑车卖不动，会发生什么？

中年危机会以很多不同的形式向你袭来。但对于一位经营一家受欢迎的金融杂志的朋友来说，问题的形式变成：我的产品销售方式是否正确？他得到的答案是否定的。

尽管他的方法迄今为止都很奏效，但他仍然认为这个方法似乎是不对的。面对“做广告是为了销售产品，否则就不是做广告”的概念，他选择了“就不做广告”，也就是宁可做点别的。我的朋友开始整理这条思绪：他要寻找一种新的销售方式，一种可以让他传递不同信息的方式。他与各部门主管开会讨论，这究竟是一家关于什么的公司。他邀请大家为公司绘制图景。他会问，大家为了公司的哪一点感到骄傲？他想知道，大家看到公司走向何方？大家究竟为了什么来上班？当然，找到这些答案并不容易——我想他也还在寻找。

当时，提出这种问题显得有点傻。就这么继续干吧，人人都这样。做广告是为了销售产品，否则就不是做广告。但是在认真思考如何写出好的作品时，我发现自己又在思考这些问题了，思考我的朋友试图经历的灵魂探索过程，也许并不傻。

这不是我目睹过的唯一一次信任危机。当我读到美国各家信息出版商互相传递的一条信息时，我注意到作者也在探讨，那些销售材料是否过于遵循了奥格威的戒律“做广告是为了销售产品，否则就不是做广告”。进一步来说，先不去管销售结果如何，这家公司同样拥有一个非常有效的销售专家网络。完全因为文案的作用，总共卖出了数百万美元——而且很多文案就是遵照奥格威说的写的，但他们仍想改变现状。目前他们还不太确定怎么做。尽管如此，改变的愿望确实存在。

究竟发生了什么？是因为老人们开始担忧自己的专业遗产了吗？还是有更深层次的东西？我偏向于后者。要解释其中的缘由，让我们离开卖家，看看买家。你看，事实是：在互联网时代，市场已经发生了变化。

他们不仅懂你在玩什么，还发明了自己的游戏

随着时间推移，市场对于那些精心培养及巧妙编织起来的文案

技术，有了越来越清晰的认知。

唉，事实是，市场在不断变化，读者的意识也在进化。你只需读一下尤金·施瓦茨，就能再一次地领会到——这不是什么新问题。很幸运，我为一家国际性机构写文案，这样的公司可以负担得起为你通报各种小细节，结果让我大跌眼镜。通过开放点击率、点击通过率和扔垃圾箱的比率的逐步变化，我看到了市场的走向。事实上，我已经察觉到了由于文案过于激进，本身却没能提供什么价值，会造成点击通过率暴跌。我也看到，当你花时间解释一些东西如何运作，而不是急着卖给对方的时候，转化率竟然迅速翻倍。我看到一些文案在某些国家很火爆，到了另一个国家就门庭冷落，这一切都是因为没有和客户建立起良好的关系。这是一条内部信息：把文案重心全部放在销售上，这会越来越行不通。

怎么办？你是应该遵循“做广告是为了销售产品，否则就不是做广告”呢？还是，像我建议的那样，你真的应该以“做广告是为了分享产品，否则就不是做广告”？

加里·维纳查克接管世界的那一天

加里·维纳查克不是上帝。他忽悠很多人走向了错误的道路。但千真万确，他很聪明。说他聪明，是因为他能预测——而且他坚信这些预测会有发生的时候。他让我想起了一位写电子报的老作家，一个叫加里·诺斯的人（另一个加里），我的一位导师马克·福特曾谈到过他。

有传言说，加里·诺斯对即将到来的2000年大地震的说法深信不疑，于是他往土里埋了一辆拖拉机，为即将到来的“天启”做准备。

我不知道他打算怎么处理埋在土里的拖拉机。但我知道，尽管他的“神”判断完全错误，他的追随者还是原谅了他。不仅如此，他们继续相信他。为什么？因为他很好地证明了他如此坚信的原因，并且继续坚守自己的预测。对于加里·诺斯来说，这不仅仅是一个“做广告是为了销售产品，否则就不是做广告”的案例——他是在分享他的故事，不管你是否愿意相信。我敢肯定当时销售产品不是他的第一动机。

维纳查克也是一样。多年来，他一直在预测社交媒体的兴起及其对企业的重要性。他一次又一次地在网上、在书中、在演讲台上、在电视上提出自己的观点，直到他几乎成为一个自我赋予的预言家。我觉得他就是“做广告是为了分享，否则就不是做广告”这句话的化身。他才最应该打响这句口号。我观察了他一段时间，除了欣赏他对市场营销“要么听我的，要么滚蛋”这种直接的态度，我认为他最成功的做法是将他的核心营销信仰与“社交媒体”这一流行语联系起来。他是否有意识地去这么做，并不重要。因为无论如何，他都做到了。从表面上看，（甚至从名字就能看出）社交媒体是另一种媒体，但透过表面我们可以看出，社交媒体真正代表的还是一个市场。不要去看那些民意调查和五花八门的图表，其实永远在那里的就是这该死的市场：那里有想向你买东西的人。

现代广告人之一，戴夫·特罗特，也明智地说出了这个事实。特罗特是另一个非常聪明的人，像维纳查克一样。我看了他在2013年底的一次会议上的发言。他指出，媒介是无关紧要的——客户就只是一个客户，不管你是在“脸书”上给他发信件，还是整晚打销售电话给这个可怜的人儿。他还画了一幅小图来说明这一切，很有道理。

一旦我们领悟到社交媒体的市场和邮件营销、直邮销售的本质没什么区别时，我们就知道，无论我们是否喜欢，我们的市场已经插上了插头，市场里的客户对周遭世界一览无余。这是我们应该从社交媒体得到的最深的领悟。不要以为是你在“超级碗”期间推特发得够快，才让更多人买了你的奥利奥，而是无所不在（早已脱离电脑）的网络世界促成了你的销售。社交媒体总会有一天在其显赫的地位上消失，然后与其他媒体融合，但有一个事实已经无法改变：世界正以一种我们前所未闻的方式交互作用。

我们不知道这样的趋势会走多远。在《圆环》这本书里，戴夫·艾格斯这样描述说。一个令人吃惊的可能性，创造一个谷歌式的乌托邦——让我们祈祷艾格斯的想象力到此为止。不管怎样，我们知道的一件事是，在这个对周遭无所不知的市场上，“做广告是为了销售产品，否则就不是做广告”已经完全靠不住了。

我认为方法上的改变将不可避免。事实上，这已经发生了。我相信我们写文案是为了分享。我相信，如果我们的文案的目标是教育受众和诱惑受众，那么从长远来看，我们将能卖得更多。如今，我常常建议文案作家们想想，他们教了读者什么，以及他们想卖什么。我希望读者读完我的文案后，感觉自己变得更加明智。我希望让读者拿走一些东西，无论他们是否购买我的产品。更重要的是，作为一个文案作者，你处于一个非常独特的地位，你可以从一个完全不同的角度来看待产品或服务，你可以看到游戏的结束，也就是你的读者从产品或服务当中如何获益。如果这些好处不存在，或者你认为产品的展示方式有一些缺失，你就不应该袖手旁观。你要帮助改进产品。为什么？因为显然，产品或服务越好，为其编写文案就越容易。

你可能觉得这不是你的责任，这超出了你的职责范围，或者这看起来是要投入大量精力到产品开发中去，不值得花这个时间。但这个想法是不对的。通过帮助改进产品，你将能够以一种更具真情实感的方式来推荐它，最终产生一篇强有力的文案。最重要的是，如果作为一名文案，你可以超出自己的角色领域去做出更多的贡献，那么你势必会超越那些仅仅扮演传统角色的普通文案。

别误会我——你还是要去卖东西的。从这个意义上说，奥格威的哲学仍然很值钱。但你千万别被他的威胁吓到——就是那句“否则……的话”实际上，如果我今天卖不出东西，但是我分享了一些有用的东西，或者帮助改进了产品或服务，我明天或后天就会有机会成交。显然，如果我向你分享我的知识，你就会更愿意和我分享你的钱，对吧！你看，分享归根结底总是没错的。

“做广告是为了分享，否则就不是做广告。”

秘诀

说到“分享”这个话题，很重要的一个点是，写文案常常是一个孤独的游戏。没错，形单影只，在象牙塔里打磨出一份全新杰作，这个形象显得很典型，也无疑是我潜意识里一生渴望的样子。当然，这是胡说八道。翻到任何一本书的致谢页，你都会看到很多人融入了写一本书的过程中，不仅仅是作者自己（这本书也不例外）。

好的文案也是一样。好的文案绝不是一个人可以促成的。这应该是集体的努力，需要汇集许多不同的思想和经验，从而打造超出个人能力范围的更大的东西。甚至于，到了一种被人听起来像是传教的级别。所以下次，当你打算用笔记本电脑和浓缩咖啡机把自己锁起来的时候，我建议你摆脱独自工作的限制性和局限性，走出去，尽可能多地与不同的人合作，分享你的想法。这样做，我保证你的文案会更扎实有力。

第三部分

专家访谈

第十八章　文案的关键—缓解忧虑，提供安全感

真正成功的文案作家，总爱把大部分时间花在调研上。

—— 约翰·福德

我所知道的做调研最充分的文案作家

约翰·福德有点酷。他会恨我这么说他的，但这是真的。他住在巴黎。他会弹吉他。他对音乐很有品位。他能想出很多优秀的点子。他是我认识的最能讲故事的人之一。但有一件事让他与当今文案圈里的顶尖人物区别开来，那就是他在做调查研究时特有的自律性。

他很酷，同时谦虚，他的特别之处在于，我想我从未见过像约翰一样对一个想法进行如此反复深入研究的撰稿人。每次我和他聊聊近况，他总是在测试一些新的便利贴系统或一个花哨的应用程序，如帮你跟踪笔记，他不停地在测试任何可能帮助他更好地记录灵感的小软件。我相信，正是他的这种孜孜不倦致力于研究的精神，帮

助他在这么多年来（现在仍然如此）不停地写出爆款文案。如果测算一下他的文案所带来的收入规模，你可能会惊掉下巴。我们还是别算了。

当然，约翰很酷，钱不是他真正感兴趣的东西。像所有真正伟大的文案作者一样，他对创意本身更感兴趣。他热爱研究。如果你和他侃侃而谈你的某一个想法，说得具体且认真，他会感到很兴奋。他真的很乐意帮助别人挖掘出具有突破性的想法。

你可以从约翰那里学到很多东西。令人高兴的是，他在我们的访谈中也分享了很多灼见。

祝你好运

格伦：约翰，让我们先聊聊你的背景吧。对于那些还不太了解的人，说说你具体是做什么的？

约翰：目前我正式的工作，是为金融产品写广告文案，至少大部分时间是这样。所有这些文案都在信息发布区。还有一些时候，我也会和其他作者合作，一起写一些项目。我也帮着培训新手。除此之外，我还做了一些咨询，在头脑风暴的场合提供帮助，以及全年陆陆续续参加一些演讲活动。非正式的话，我想你可以说的是——入行 26 年多了——我花了很多时间阅读，积累了比我需要的更多的研究。或者放慢工作节奏，翻出以前的项目作品，然后我会从当时觉得的完美到如今觉得我需要重写一遍。你永远会这么觉得。

格伦：我知道那种感觉。不管你写了多长时间的文案，每遇到一个新项目都会有这样的疑惑。

约翰：没错。事实上，我能够走到今天，真的是靠运气好。就是那种，在适当的时间和适当的场合，有了好的机会向一些非常伟大的文案作家——比尔·邦纳和马克·福特讨教。不过，要想站到那个幸运的地方，我也很努力，一边读硕士，一边拿着 15 美元的日薪全天实习。另外，就是听有声读物——我们当时用的还是磁带——主要听一些很厉害的营销专家讲话，然后晚上还要开车去参加培训班。在我职业生涯的早期，我在办公室甚至待到晚上 10 点。大多数晚上我还在那里加班，门卫还顺道过来和我说晚安。

格伦：但是你现在不待在办公室了？

约翰：是的。大部分时间我都是在家办公，在美国或者在法国的公寓里。或者在旅行的时候，旅行要么是为了工作，要么是因为我妻子特别爱跑到一些新的地方。我们制订了一个完备的日常计划，一般我早上 5 点左右起床，工作到中午，然后和孩子们一起吃午饭、看风景。总体来说，安排得很棒。

做文案仍然是一个看结果的行业

格伦：你是一个“直接起效”文案撰稿人，而且你基本上也一直在做这块。这是一个挺特别的利基市场，你是怎么进入这个市场的？

约翰：嗯，我觉得我好像一直在向某种写文案的角色发展。自打有记忆开始，我就一直爱写东西，也是一名狂热的阅读爱好者。在学校的时候，我就有一个模糊的想法，广告可能可以帮我赚钱，同时也让我有机会做一些创造性的事情。但在早期，我并没有真正领会广告与广告之间是有类别差异的，而这种差异是由不同媒介的使用来决定的，差异并不显著。我第一次做文案培训工作，是为一家只做直邮营销的出版商。不过那个时候，我还不太清楚那是什么，后来也不好意思再问别人。当然，渐渐地我也就明白了。尤其是在这家出版商真正定下心来，开始系统跟踪直邮结果以后，我开始第一次了解到了“直接起效”文案的工作原理，以及更重要的，它的价值所在。有了直接的反应，这些广告就不再是飘浮的乙醚，希望能激起一些后续的反应。他们是在针对个人的基础上，要求即时即刻产生反应。你可以看到销售结果的涌入，精确到便士。一开始你会觉得很可怕，因为万一你的文案失败了会怎么样，而且总会有这个可能发生的。但另一方面，当文案起作用的时候，你就可以精确地测量出这文案有多好，这就非常有价值了。

格伦：你说到衡量营销效果的能力，这很棒。这也是我在书里详细讨论过的。不过，我觉得真正有趣的是，在所谓的数字时代依然是以销售结果作为驱动，这使得我们在“直接起效”领域的工作经验给了我们很多帮助。

约翰：当然。“直接起效”创作法极为重要。事实上，也许比以往任何时候都更重要。毕竟，按下按钮或在平板电脑屏幕上滑动按钮的那些人,或多或少就是以前撕开信封的人。即使人群已经变化了，即使我们遇到的是新一代的人类,但刺激人们的因素仍大致不变——即他们想要被爱、被尊重、被钦佩，需要安全和健康，希望自己知识渊博、被认可、获得成就和成功。当他们生气的时候，他们希望能被关注。他们希望有证据支持他们的论点，而且证据必须充分。当他们被恐惧驱使的时候，也是这么个过程。是的，我们没有网络时代之前那么专注了。也许我们还有点固执己见，同时令人惊讶的信息吸收不足。但是，你所做的一切就是要点燃你需要的热度和情绪，并加快你的推销速度。因为和你竞争的，是比在印刷时代更热情、更容易够得着的通信竞争。

“老掉牙”的讨论

格伦：我知道，在这里讨论这个问题看上去有点蠢，因为就这一议题我们就可以讨论上几个小时。但我还是想简单地问问你，对于长文案和短文案的论战，你的看法是什么？

约翰：是的，这个辩论是永远不会结束的。尽管如此，在我看来，你可以用一个词——信任——来结束所有的争辩。这是为什么“直接起效”文案常常写得很长的原因。这也是为什么它有时候会很短，尽管不可能像你在电视上看到的大多数广告，或平面杂志页面上的一小段广告那么短。也就是说，那些用一句口号来完成文案工作的广告，有着它们自己的定位和功能，但它们很少能够实现成交。这类广告的目标不是寻求当场成交，而是创造一种大致的、抽象的欲望。

格伦：我喜欢那种信任的想法。你是不是写了很长一封信，才赢得了读者的信任？这是一个很好的方法，来衡量文案究竟多长比较适合。

约翰：当然，在“直接起效”文案界，如果你不能在推销过程的某个时刻——或者很多个时刻——让对方买东西，你就是一败涂地。你想想，如果你拿着印刷文案，拦下一个走出家门去扔垃圾的人，叫他买东西；或者想办法叫一个邮箱爆满或“脸书”页面全是东西的人掏钱购物，这是不是很难。无论你在他们面前摆了什么东西，你潜在的话语总是：“等等，停下来，看着我。我要对你说一些你会觉得很有趣、很新鲜、很有价值的话，你不仅会给我足够的时间向你解释它是什么，为什么你应该关心它，而且当我把这东西送到你面前时，你肯定想掏出你的信用卡。”你对客户提出的要求太高了。客户要的不是你做一个事实陈述，列出价格表或者提供订购信息。他们需要你建立一种关系，在这种关系中，潜在客户对你很信任，相信你有新鲜事要告诉他，相信你知道你在说什么，相信你可以兑现你的承诺。这样做确实需要精心挑选你的措辞，精心布局词句的顺序，而且往往需要写下大量的文字。因为一个看似俏皮的口号并不能构成一种真正的关系。

格伦：我要为此欢呼三声。

约翰：所以，是的，在大多数情况下，把“直接起效”文案归类为“长文案”并不是完全错误的。但即使这么说，如此清晰归类也是不对的。因为，任何一份文案都不是取决于字数多或不多。如果那样的话，作家薪水和自由职业者的版税都基于字数了。就像一辆发动机很小的汽车，如果制造得当，它仍然可以超越一辆更大的汽车。有时候，简洁的“直接起效”文案会比长文案更有效。当然，这仅限于一份文案能更好地“击中”与潜在客户的心理高度相关且可以投入感情的部分，仅限于你在推销一款真正伟大的产品或服务，仅限于它在正确的时间打动了客户的心，或者某个想法正好是市场热点。归根结底，正是因为这些原因才让一份文案变得有效。一份好文案之所以经常会那么长，也是经历这个过程而反映出的共同“症状”，倒不是因为长而好。

格伦：讲完“直接起效”文案这个词被误认为只与长文案有关这个观点后，我还想趁机打消另一个潜藏的念头。那就是，人们总是觉得“直接起效”只对某些利基领域有用。你同意吗？或者任何企业都能利用它来促进发展吗？

约翰：我想在有些情况下，你可能会问自己，你需不需要做那么多事去推销一款产品，毕竟它本身就包含了所有客户需要知道的信息，一个商店橱窗里的常规广告就可以推动销售。比如说，你会出一个好的价格卖几加仑新鲜牛奶。这时候，写一封销售信，或者列一个客户清单什么的，就没有必要了。当然，还是这句老话，满口的话不要说。大卫·奥格威利用“直接起效”策略卖出过大量房产。你可能可以提出这样一个理由，来用“直接起效”创作法卖牛奶，比如你是在为乳糖不耐受症患者、动物保护者销售某种特制牛奶，或者你要卖的是一款特别新鲜的牛奶，它还有着令人惊讶和迷人的来历。这可能是关键的区别。“直接起效”文案最有用处的地方是帮助你开拓新的市场领域，它能给你余地来改变客户的想法，讲述没人讲过的新故事。如果你的产品确确实实很棒，可以兑现承诺的话，那么是的，“直接起效”文案可以帮助你拓展业务。可能比那些传统的、短小抽象的推销法好很多。

去见客户

格伦：你认为影响行为的主要因素是什么？也就是如何能够鼓励某人对一个或短或长的文案做出“直接起效”？

约翰：我觉得这基本上是一个需求金字塔从下至上的过程。在最基本的层面，你是在帮助别人感到安全和被照顾。他们希望他们的痛苦得到承认，他们的恐惧和忧虑得到缓解，他们的怀疑和意见得到确认。尤其是情感丰富的人们。层面要是再高一点，他们还想要娱乐。他们希望自己的欲望能减轻。他们渴望更高、更伟大的一些东西。可以这么说，仅仅是金钱或某种物质上的转变，是无法达到的。因为最最重要的一点，是他们希望得到尊重。虽然听起来很肉麻，但这就是爱的一种形式。我们需要人们关心我们的存在和存在的价值。很明显，我刚才说的每一句话都无关于你在卖什么，更多的是关于那个人是谁，当你向他们推荐产品的时候他们在哪里。我认为，这才是真正你所需要的“关键因素”。首先，你要知道，如果你不关心对方是谁，不关注他们想成为怎样的一个人，你是不可能对他们产生影响的。你必须走到他们面前真正与他们见面，其他方式都不行。不然你就死在起点。一旦你成功地发现了这一点，你就可以开始构思你的信息了，确保信息符合潜在客户的背景情况。用一种最贴切的声明，声称能够以客户内心一直渴望的方式改变他的生活，并将其构建成一个他以前从未听说过的故事。你要讲一些新的东西让他在学到新事物的过程中，真正喜欢上，并且愿意购买。我们可能会听到成千上万的黄金点子，但这是最有用的一个。

时刻保持警觉

格伦：最后，约翰，你知道的，我总是说我很钦佩你能做这么大量的研究。但我还是想问，灵感是不是就是从研究里来的？你从哪里开始找到想法的？对于写一封长销售信和一篇短的电邮广告，会不会有所不同？

约翰：我可以从任何地方开始，因为那些真正伟大的想法真的就像金矿一样。它们会从任何地方向你扑来。这意味着我必须不停地去阅读和与人交谈，无论是在我最常写的领域内还是擅长领域之外。我在做一个项目时，会从头脑风暴会议，以及我与产品的主要相关方进行的对话（有时是强制的）中产生很多想法。很多时候，你会发现他们的想法或思路可能触发一个伟大的想法，但他们不知道。虽然我猜想我真正开始形成这个想法的地方，是在页面上，可能是在我输入搜索文字时，或者更经常的是，当我回头再去编辑一两天前写的东西时。可是那些在我的脑海中编辑而成的，在散步、开车或淋浴时，突然冒出的罕见的好主意，在编辑评审会议当中，都不太可能变得更好、更清晰和更有针对性。这就是为什么对于任何一个作家，甚至是有经验的作家来说，都很需要一个文案主管或者类似的角色。因为把脑子里的这些东西落于纸上，虽然很关键，但这就像把黏土倒在轮子上一样。要真正从中获取强大的东西，需要集中精力去思考,有时需要团队的集体努力。有时候你会突然被“闪电”

击中，“这是一个大主意！”你懂的，那种激动人心的时刻。但这种情况并不经常发生，即使对于真正伟大的广告作家也很难遇到这么好的灵感。

格伦：你得继续“搬砖”。

约翰：没错。真正成功的作家总会把大部分的时间投入到研究、反思和改写上面。写出来的东西通常都要一次又一次修改。

第十九章　网络文案必备—真实性、情感性，FK评分

所有伟大的想法都很简单。

——马克·福特

你不会经常遇到百万富翁

我在英格兰东海岸一个几乎废弃的渔港长大，很难有机会见到很多百万富翁。我说很多，其实我一个也没见过。所以当我第一次见到马克·福特——一位白手起家的百万富翁时，我不知道该期待什么。一个朋友说我和他肯定合得来。我记不清为什么了，可能因为我特有自信，很明显，马克也是。当然，他有理由这样做，我则是属于天生自信。他通常住在佛罗里达东海岸的一个安静的海滨村庄，到寒冷阴沉的伦敦，是为了帮助我刚加入的文案团队提高写作水平。我记得他说了很多话，但都和主题没什么关系。我记得他几乎挑战了所有人会试图隐藏的“标准”。我记得课间休息的时候，他

会站在大楼外面抽一支贵得出奇的雪茄。是的，一支货真价实的哈瓦那雪茄。我到现在，还能记得他在会后和我说的大部分话。他说我适合写作，我的语调很好，如果我坚持下去，我可以有所作为。作为一个对每件事都持怀疑态度的英国人，我当时觉得这只是一个很狡猾的鼓动技巧，“他一定对所有女孩都这么说”。尽管如此，有这位非常成功的作家告诉我我有这样的潜质，感觉还是很好。不管是不是狡猾的激励技巧，这都起到了作用，并激励我走到今天的位置。在我们第一次会面之后的十年里，马克也一直向我分享他的独到见地以及给予我慷慨的支持。因此，很高兴能在这里与你们分享这些见解。

时代在变化

格伦：马克，你入行那么久了，也写了很多年的文案。这个开场问题应该不错，就是你怎么看待这些年来的变化？或者有没有看到什么改变？

马克：肯定有变化，而且变化非常大。但也有一些没有改变，我一会儿会说到。

互联网无疑给我们带来了最大的变化。它从根本上改变了直销业务的模式。在过去的直邮时代（2000 年之前），我们 90% 以上的交易——包括营销和交货——都是通过邮递完成的。很缓慢，也很昂贵。比如，那时候阿戈拉公司有大约一百万的付费客户。不管是给他们寄一个产品、一封销售信或一张发票，都要花费大约 50 美分的印刷费、纸张费和邮费。所以每次把档案上的客户联系一遍，就要花掉 50 万美元。这是一笔巨大的开支——太多了，我们几乎没法承受。所以我们就在发给客户的每一封邮件中加入广告，这是为了“弥补”一些邮寄的费用。所以，那时候是不可能像今天这样频繁地去联系客户的，一般每年也就联系 20 次。现在的话，我们每年联系客户的次数达到 400 次，甚至更多。这样一来，客户每一美元的付出，就得到了更多回报。他们也变得更具响应力。由于这样的接触频率以及互联网带来的成本大幅下降，客户的终身价值翻了一倍不止。

互联网的另一个重要影响是速度。在过去的邮购时光里，要从顾客那里得到妥善的反馈（要么是调研反馈，要么是营销活动的反馈），通常需要几周时间。如今，你可以在几分钟内获得反馈。这种越来越快的反馈循环，使我们的营销人员变得更聪明、更成熟，也更敏捷。也帮助产品和促销活动更容易对市场产生吸引力。

基于这两个因素，还引发了上百个其他的小变化。但也有一些事情没有改变。这就是人性。

当我们第一次从印刷业转向数字出版业时，出现了很多关于互联网将如何改变人们购买东西的方式的探讨——买卖的世界，特别是消费市场，将发生彻头彻尾的改变。“推式”营销（直接营销）没法触动销售。相反，客户将决定他们想要什么和需要什么，并通过在网络上搜索合适的网站（也就是形成“拉式”营销）来找到所需品。这确实在某些行业发生了，但我们中的很多人非常肯定，在我们这个兜售想法的行业，这个变化永远不会发生。我们认为，由于一些明显和不太明显的原因，当涉及为信息和建议付费时，人们仍然需要被推动。现实也的确如此。我们市场中网络营销的部分，无论在过去还是现在，占比都很小。超过 80% 的销售额来自于直接的对外销售。

那些预测我们市场会发生变化的人，其实没有意识到，我们与客户关系史上第一个也是最重要的事件，正是第一次的“推式”营销并成功触发了销售。

格伦：这很有趣，销售文案是建立关系的主要工具。人们总是以为这就是产品，也就是一种编辑过的文案成品。但是，当你考虑到这一点时，你会发现客户最先与销售文案建立了一种关系。

马克：没错。销售文案很重要。就是那个客户接触到的第一篇营销文章，它包含了促使客户采取行动的想法、情感和语言。今天，通过我提到的快速反馈循环，信息发布者会更容易认识到这一事实。但在当时的直邮时代，营销、文案和刊物之间往往存在很大的脱节。人们订阅的国际时事通讯通常与他们读到的销售文案完全无关。大多数人都认为这没问题。市场营销文案应该在情感上具有吸引力。但是，刊物就应该是合理的、理性的，不需要起宣传作用的那种大创意和戏剧化元素。当时的出版商很少意识到这是一个严重的错误。具有讽刺意味的是，出版商最常听到的抱怨之一就是：收到的“第一期”非常好，从那以后，就越来越差了。通过我们和他们的交谈，我们发现“第一期”指的是促销文案。他们对此产生了心灵的回应。这就是他们期望（和希望）继续得到的。如今，由于网络通信的低成本和几乎即时的反馈循环，使得出版商更容易理解客户的需求和期望。而且满足他们的需求也变得更容易，更便宜。如今，我们可以更好地满足客户了。而且这么做，客户也不会觉得我们在硬推销。换言之，我们可以更容易地提供价值，更多地在互惠原则基础上工作。

“透明”的年代

格伦：现在我们可以定期与客户交流了，其实这种谈话从建立关系的早期就已经开始。我有兴趣听听，你是否认为销售文案和编辑刊物应该更紧密地联系在一起？

马克：我一直觉得文案和刊物应该更紧密地合作。事实上，它们在内容风格和形式上越接近，客户关系就越强劲。现在，由于互联网的存在，客户很容易将两者进行比较，看看你是否向他提供了他所要求的东西，从而（在第一次交易时）确定你是不是那个你所陈述的公司和人。

如果你在网上做生意，你必须接受这样一个事实：那里会有很多人盯着你所做的每件事，轻易就能弄清楚你到底是谁，你到底在做什么。这就是为什么透明度和真实性会变得如此重要。如果你能让销售文案和刊物文案成为一个有机的整体，那么你就更有机会建立稳固的客户关系。有个 ATM 促销活动，就是实践中的一个很好的例子。

格伦：没错，你说的就是你去自动取款机，然后它不让你提取任何现金。你去商店，他们也不接受现金。这描绘了一个现金基本上起不到用处的世界。作者的观点是想说，政府和中央银行想要通过废除现金来控制你的钱。

马克：就是那个。这是一个很好的例子，因为销售文案中没有任何东西歪曲或削弱了作者的观点，而这个故事本身，就是为了推销这个作者的实时通讯刊物。销售文案用巨大的创意介绍了这个伟大的想法——然后客户订阅后收到的时事通讯，也继承了同样的想法、同样的激情和同样的聪明表达。他们最终得到了当初自己付钱想买的东西。

格伦：我们在讨论一份由阿戈拉创始人比尔·邦纳撰写的时事通讯的促销活动。这不是比尔的一个儿子写的吗?

马克：是的。这是比尔的第二个儿子朱尔斯写的。当我第一次读到它的时候，它是如此的美妙，好像完全发出的就是比尔的声音。所以我确信，就是比尔自己写的。没想到是他的儿子，但思想、语调和其他一切都是一样的。

格伦：我对文案的真实性很感兴趣。从表面上看，写东西来推销不是由你创造的东西——而且在很多情况下，是用别人的声音去传达——似乎完全不具真实性。你想想看这个事实！但是，正如我们所知，写一本好书的关键在于创造真实性。这听上去有点自相矛盾?

马克：这听起来确实有点矛盾，但答案应该是，你的写作作品必须有真实性。因为如果你没有，别人总会看出来的。如果你能用真情实感去写作，那就是一个很有价值的工具。我不是说真正的声音就是代表真实的你，就像别人看到的你一样。我想说的是，这个声音是要符合你的一贯人设。我这么说，主要是基于我作为一个出版作家的经验。我写过很多主题，但我最著名的书和文章都是关于商业和财富管理的。在那些书和随笔中，我提出很多建议。其中一些建议是基于我自己使用后的成功经验。但也有些建议只不过是一种期许，希望如此——或者说，我认为应该这么做。你可能会认为，给一些你自己没有亲身使用的建议，反响肯定不好。但事实上，读者似乎对我的建议都反应很积极。我认为这是因为他们能够感觉出来——也许是从我的故事、语调或其他方面——我确实有这样的热情去帮助他们。我在给他们建议的同时，对我所做的和未能做成的事情都保持高度透明。

因此，如果你能在文案中发出真诚的声音，你可以讲一些故事，让它们成为你的文案和读者的真实经验之间的情感纽带，我相信人们一定会认可你的真实度的。说归这么说，但归根结底，你还是要真的热爱你的客户，这一定能帮到你。当你写作的时候，你要有一种真实的信念，那就是你是要帮助你的客户，为他们传递价值，和他们分享一些他们本来会错过的东西。

FK评分

格伦：我记得我们第一次见面时，你介绍给我一个技术性的工具，叫作 FK 评分。它的确帮我提高了自己的写作水平。如果使用得当，这是一个非常有用的工具。

马克：是的，我很高兴它对你有用。FK（Flesch–Kincaid），是由鲁道夫・弗雷西（Rudolf Flesch）和彼得・金凯德（J. Peter Kincaid）开发的，这是对写作复杂性的一种衡量。它测量的是多音节字的数量 VS 单音节字的数量，被动句 VS 主动句，复杂句 VS 简单句。我们读斯特伦克和怀特的作品学到的所有东西，都可以这么用数学的方法去表示，以确定作品的难度或复杂程度。所以，也许你以前听过这个故事，但对于刚刚读到这里的读者来说，听一下背景故事会很有帮助。大约 15~20 年前，一个非常聪明，名叫史蒂夫 · 绍格洛德的人来为阿戈拉工作。我给他讲了一下 FK 评分，告诉他这个工具有多重要。大约 10 年后，我邀请史蒂夫和一位名叫亚历克斯 · 格林的编辑同事，来给大家说说如何成为一名优秀的文案。作为金融类文案的从业者，这两个家伙那时候都已经达到了职业巅峰。史蒂夫谈到我给他说的 FK 评分，以及作为一个刚获得博士学位的人，他是如何不喜欢听我告诉他，某个作品非得傻傻地弄到某个分数才行。看好了，我们的目标是分数——或者大家比较熟悉的措辞“成绩”——要低于 7.5。人们往往认为这与教育水平有关。其实不是的。这跟那没关系。但不管怎样，史蒂夫继续解释说他离开了以后，就一直在看这个分数。除此之外，他还对小组中的所有作家进行了测试，包括比尔 · 邦纳和我。他后来发现，读者的高忠诚度和高反应和低 FK 分数几乎 100% 相关。事实上，他说在他所研究的小组中，FK 分数最低的两个人就是比尔和我。我对此感到很骄傲，不过比尔很不高兴。他不喜欢他的作品获得一个很低的 FK 分数。这也反映出，很多人还是没能理解其中的内涵。但是 FK 分数可以迫使你简单地写，简单地表达你的想法。事实上，如果你的想法是好的，你就应该简单地表达它，如果你这样做，它会成为一个美丽的想法。所有伟大的想法都很简单。

格伦：的确是这样。

马克：但是很多人不喜欢用简单的方式来把他们的想法写出来。至于为什么不能做到 FK 分数低于 7.5，我听到过很多不同的理由。但当你这么说的时候，仅仅是因为你写得不够好。我可以告诉你，当我写一篇文章的时候，我会觉得“哦，天哪，我可真聪明，这写得好聪明啊”，然后我运行 FK 分数，11 分。我过去常常想，管他呢，总归要发出去的。但后来我又仔细看了一遍，意识到自己的文章真的是不知所云，写得很失败。所以现在，如果我不能把分数降到 7.5 或更低，我就知道这是因为我没有做更多的思考，我需要多想多思考才行。

一次表达一个想法

格伦：要帮助作者更好地表达他们的想法，你有什么建议吗？

马克：我能提出的一个建议是，当我写作的时候，我试图遵循一次表达一个想法的规则。你已经用了，对吗？

格伦：是的，我在书中也介绍过了。这是你给我的最好的建议之一。

马克：我很高兴。当然，这很简单。你要做的就是一次只写一件事，“一次”我是说，如果是一篇文章，它应该是一篇关于一件事而不是十二件事的文章。如果是广告，应该从一个角度来讲。如果这是一封销售信，它应该是关于一个单一的想法。我刚谈到史蒂夫和亚历克斯的演讲。亚历克斯那天精彩地讲述了大概有十二个想法，但今天我是一个也记不起来了，但我仍然记得史蒂夫的。他只谈了一件事，在场的人听过之后，都把它付诸实践了。这就是践行了一次只讲一件事的原则。要做到这一点，你需要弄清楚如何用最简单的方式表达你的想法，基本上用一句话就够了。一个充满真情实感，令人信服的句子。除此之外，你要在此基础上建立一个故事，这个故事在你还没解释之前，就已经说明了这个想法。你会注意到，如果你做得特别好，当你能够用最简单的方式表达你的想法，并且你能够围绕它建立一个故事时，故事部分的 FK 得分总是会在 4 分左右。最后我想说的一个点就是，凡是你没有仔细钻研过的文案，通常都会有一个很高的 FK 分数。

格伦：你对分数的使用很严格，对吗？

马克：作为一个出版商或编辑，如果 FK 分数不是 7.5 或更低分数的文案，我是绝对不允许的，也不会帮他编辑。我这么严格坚持，不是想说我自己是一个固执的人。只是我从经验中知道，这完全是在浪费我们双方的时间。有人向我提交作品的时候，我做的第一件事就是检查 FK 分数。这对任何人都适用，即使是迄今业绩最好的文案，分数不行我也会把它退回去的。我不会花时间去读它，因为看过分数我就知道了，文章里的想法还没有表达出来，编辑起来太花工夫了。作为一名撰稿人，你的责任就是弄清这个想法，然后清楚地表达出来。

格伦：我很欣赏你的做法。这很难，我从自己的经验知道，每次检查自己的写作，发现它刚刚超过7.5，我的直觉就是放弃吧。这很懒惰，但这个文案明显很弱。

马克：我们都这么做过。如果你能保持高度的自律来检查自己，克服本性的拖累，你一定会写得更好。践行起来就这么简单。

第二十章　文案之道—多读书，多雕琢

这里面没什么秘诀。你就是要尽可能多读一些东西。

——詹姆斯·伍德伯恩（伍迪）

你不一定要喝酒，但喝酒会有帮助

我第一次搬到伦敦成为一名“直接起效”文案作家的时候，我在办公室里为数不多的朋友之一 —— 一个伟大的作家汤米奥姆，在我入职后不久就离开了。于是，我就必须得在办公室里再找另一个朋友。不幸的是，我找到的就是詹姆斯·伍德伯恩，或者可以叫他伍迪，公司里几乎人人都知道有这么一个伍迪的存在。他写文案的时间并没有比我长很多，但用一个行业措辞来说，他“上路”了。所以和他一起学习各种秘诀，对我的帮助非常大。我说认识他很不幸，是因为我的肝脏受不了那么多酒精。我们经常在伦敦的一家酒吧里喝酒，一天晚上，老板为了奖励我们的忠诚，为我们付了账。这时候我们开始意识到，虽然老板是出于好意，但也看得出来，我们实在在酒吧待得太久了。在肝脏还情愿的情况下，我们在伦敦合作了大约四年。之后伍迪决定搬到澳大利亚。也有可能是为了离开我，这点我们永远也不会真正知道了。不管怎样，他的决定都很棒。他写出了很多真正具有突破性的“直接起效”文案，最近还在澳大利亚启动了阿戈拉金融业务。在他的领导下，业务做得很好。后来，我们也一直是好朋友，我总是请伍迪看看我的文案，寻求他的意见和想法。我也经常与他密切合作一些项目。在今天的谈话中，伍迪会分享一些关于写“直接起效”文案的见解，一定会让你受益匪浅。

一切都是意外

格伦：让我们从最根本的一个问题开始：你到底叫什么？你写文案多长时间了？

伍迪：嗯，我其实叫詹姆斯·伍德伯恩，不过大家都叫我伍迪。近期我就是在澳大利亚经营阿戈拉金融公司。但我是在……我想是在 2006 年……差不多这个时候开始入行的。你想知道我是怎么开始写文案的？

格伦：你这惊人的讲故事的技巧，我们已经看出来了。是的，这就是我刚才要问你的。

伍迪：哈哈，好吧，我是无意中进入这个行业的。可能和大多数人一样。没什么人上大学是为了想成为文案人。这真的不是一个人们会经常谈起的职业。所以，我申请大学的时候开始了写作。我真的不知道应该干什么。我只知道我想从事与艺术或写作有关的事情。后来我决定要走写作这条路。但在课程结束时，我仍然不知道该怎么做，我当时想应该训练自己成为一名记者，然后我就在努力成为一名记者的过程中，喝了六个月的烈酒。大约两周后，我迅速意识到这不适合我。就在偶然间，我看到了一个阿戈拉的广告，这和我以前看过的其他广告都不一样，可以说是与众不同。于是我提了申请，获得面试机会，就这样找到了工作。最后我实际上是编辑部的一个角色，写一个叫作“富时交易员”的时事通讯。

格伦：那很有趣，然后你真的开始写刊物了？

伍迪：是的，我必须承认当时并不清楚自己在做什么。我只知道我肯定不想做记者了。我都不敢相信自己真的得到了这份工作，但我确实得到了。我真的很喜欢这个工作和它带来的挑战，但总觉得有什么地方不太灵光。于是我开始写那种邮件广告。突然我意识到，哦，我喜欢这个，感觉有点酷。我问出版商我的广告写得怎么样，结果说做得很好，被点击了不少次。最后，我发现自己花在写广告上的时间比写电子报的时间要多，出版商于是建议我加入广告文案组。

沉迷可能是件好事

格伦：那后来，你开始做更大的项目了？

伍迪：我写了一段时间，那时候我加入的是一个比较成熟的团队。像迈克·格雷厄姆，丹·丹宁和西蒙·芒顿等团队伙伴，我现在在澳大利亚也在和他们合作。我基本上就是给什么任务就写什么。我的第一个真正的项目始于一个失误。一些初级营销人员购买了大约5000个肥皂盒，最后仓库里还剩下大约4000个肥皂盒，所以我的任务就是试着卖掉它们。我写的文案很成功,我们把这些余货都卖掉了。但更重要的是，我发现我真的喜欢写文案。我意识到这是一件我可以全力以赴去做的事情，我真的非常沉迷于这一件事，而且可以说服自己为什么我那么需要这件事。

格伦：沉迷是一个很好的词，因为我一直说，这是作为一个广告撰稿人最大的优势之一：你要对你所写的东西产生一种超级沉迷的感觉。一个写出好文案的关键技巧，是能找到让专家都产生兴趣的卖点。要确定那个独特的元素,你必须深入研究。你的过程是什么样的,或者说，你是怎么沉迷进去的?

伍迪：读书，读很多书。这里没有真正的秘诀。你就是要去读关于这个主题的所有内容，无论直接的，还是间接的。所以，以我刚才提到的那个肥皂盒的文案为例。我得到了大量证言,《太阳报》的文章、《每日邮报》的报道，还有所有使用过的读者的证言。但这一切都是表面证据，不带有感情色彩。我想要找到故事背后的故事。所以我开始查找肥皂的来源，发现它来自特兰西瓦尼亚的某个地方，在这种特殊类型的肥皂中添入了一些特殊的材料，这种材料在其他国家或其他地区都是找不到的。我可能研究得太过深入了，但确实值得一试。

格伦：我想在这里指出的是，在第一阶段，你不是马上就去开始写一篇文章，你只是在看，在学习，在用心思考。

伍迪：一开始总是想写出点东西的，但你很快就会有挫败感，因为你不太明白你究竟想写什么。这个状态会导致你写出很糟糕的东西。你要给大脑添加养料。你需要把与这个主题相关的所有东西都填入你的大脑，只有这样，才会真正挖掘出一些值得一写的东西。

格伦：那我们现在假设，你已经有了值得一写的东西，你下一步要做什么？

伍迪：有时你会琢磨出一个关键想法或一个关键短语，然后你不断地回头去琢磨它们，但就是无法形成文字。我认为在这个阶段，最好是尽可能多地去写。有时我会写一个很长很长的标题，然后我继续写下去，过一会儿再回来看标题，再把它凿出来。我总是要不停地编辑和修改。一路这么“凿”下去，文案就会更加紧实。另一个我一般会采取的方法是，在我真正“雕琢”出一些我很满意的文案之后，我会去找一个理解行内原则，也就是懂我在做什么的人商讨，但这个人必须与在写的文案本身毫无关系。我之前写过一封名为“第六次革命”的长销售信，反响非常好。它主要出自我和另一位作家丹·丹宁的一次探讨。很多时候，我在文案中使用的词并不是来自我本人,而是来自和我交谈的那个人。他们很认真地听我说话，然后他们会附和着讨论，这时候很可能会冒出一些非常吻合的新词，于是我听了以后，就会说：天啊，这就是我要的那个词语。之后，我就靠自己尽力将文案写好。

朗读

格伦：一旦你写完了，有了一份初稿，你接下去会干什么？

伍迪：我总是请编辑，或客户方，一起来看稿。确实有一些与我共事过的编辑非常优秀，他们理解你要用文案做什么，但他们自己不是文案作者。他们会开始过度证明一些事情，或者认为一个对你所写的想法不熟悉的读者，也会以和他们一样的方式看待这篇文案，而事实可能并非如此。但尽管如此，你还是要让你写的每一篇文案都走一下这个过程。如果不是编辑，也要让其他人读一读。除了某些刊物，一般而言，这个过程都会帮助你的文案增加真实性。我们将在一个会议室里进行这个过程，我会让编辑大声朗读我的文案。当一个句子很不通顺或者一段话让你觉得索然无味的时候，你就很容易发现。我这么做过很多次，然后常常发现每一页都需要重新编辑。但编辑完之后，文案确实更棒了。

格伦：真有意思。我总是鼓励作者大声朗读自己的文案，但你还特意让编辑朗读？

伍迪：当然。而且不仅仅是长文案，所有文案都要这么做。当你大声朗读出来的时候，你就能听出来是不是有东西没说完整，是不是信息没有传达到位，或者是不是太冗长了。

好主意，以及好主意从哪里来？

格伦：好的。所以让我问你一个不好回答的问题：你如何找到好的想法？

伍迪：怎么找到它们的？

格伦：是的，用不到 100 个字说一说吧。或者我们这样想：你刚刚写完的稿子是怎样找到写作思路的？

伍迪：这比较容易回答。事实上，我可以直截了当地告诉你，就是要多看书，多和别人探讨。当你在说某个想法的时候，如果另一个人听着听着就厌倦了，那么你立即就知道这个想法会遭遇冷场。还记得你之前在伦敦举办的那场活动吗，都是关于好想法什么的？

格伦：是的。我组织了这场活动。

伍迪：那场活动很棒。我本来以为会很糟糕，因为你是组织者嘛，但它真的很棒。我记得我和编辑一起来参加的，我们带来很多想法，大约有八个让我们很兴奋的想法。我们在演讲中放了六个，但有一个想法在讲的时候，我注意到观众有了明显的反应。我明显看到房间里的热情开始高涨起来。更具体地说，我记得是瑞安·麦克格拉斯（一位美国文案）甚至站了起来，在我们还没结束演讲之前，就向我提出一个问题。这个想法显然能引起人们的反响。所以我想这是一个很好的想法，如果你能和那些与你的市场完全无关的人或者与你的想法完全无关的人交流，而他们真的对你的想法产生了兴趣，并不是关乎任何货币承诺，或者关乎任何股票上涨的承诺，如果有一个想法能让人们感兴趣，那就一定是一个很好的想法。

格伦：太棒了。这个角度具有很强的实操性，我们基本上就是要在人们面前测试你的想法。因为当你的想法得到别人的关注时，你在心里就一定会知道。

最后一点

格伦：最后，我想让你给所有有志于提升文案写作水平的从业人员，提出一个最最厉害的建议——就是那种，你在沙漠里的“求生之道”一类的建议？

伍迪：不要以你想象中文案应有的样子去写文案。听起来有道理吗？这是很多初级文案、编辑和营销人员，常常都会犯下的错误。他们是很优秀的作家，但当他们一旦开始写广告文案的时候，语气语调就全变了。变得俗气，变得很像销售员的口吻。变得很肤浅，听上去是在叫嚷兜售。这是因为他们认为广告文案理应是那样的，但事实并非如此。你要理解你想说的话，找到最有趣、最令人兴奋、最有用、最有价值和最独特……的解释方式，然后像和你爸爸解释一桩事情一样说出来。一定要真实。

格伦：很可爱的建议。给了我们的谈话一个完美的收尾。

第二十一章　让你的最后一句话魅力无穷

我要把几个松散的点串联起来。这事儿你理解不了。

——《神探可伦坡》中的台词

可伦坡的技艺

那个坏人以为自己做出了一套完美的犯罪，以为自己用智力战胜了笨手笨脚的可伦坡。但是，就在可伦坡走出房间的路上，他又转过身来，说出了他那句著名的台词："还有一件事。"而那件不起眼的事，就能揭开犯罪的谜底，揪出罪犯，然后可伦坡再次大获全胜。万岁！

同样的，在你的副本末尾以 P.S. 的形式再添加一个东西，可以显著提高你的响应率。一份文案中的 P.S.，给了你最后一个机会来论证你要销售或你在生产的产品。如果文案的主体已经完成了它们的使命，那么此时读者已经打算要点击了。P.S. 的部分则会再新增一条信息，从而让你的产品或服务不可抗拒。但在这样的节骨眼，却有很多人会错过最后的好机会。

你看，你的 P.S. 部分可以重申你已经提到过的事情。在这种情况下，它等于是最后一次提醒了读者，你所做过的承诺，或者你所提供过的证据。但是，仅仅重申，并不能最大限度地发挥 P.S. 的威力。你可以想想看。你已经表明了你的观点，读者会去判断这些观点是否真实可信。仅仅重复一遍，并不会带来什么不同。我们在一些白天播放的谈话秀里，就经常看到这种以为“重复多遍就等于真理”的例子。下一次，当你看到一些三流名人试图提出一个观点时，注意他们是如何把每件事情重复两次的，而且带着那种觉得说两次就等于说真理的错觉。你可不要重蹈覆辙，不要去重复原来的信息，这会浪费 P.S. 给你的最后的机会。你可以保留那么一条重要信息，放在 P.S. 部分专门呈现。

让你的最后一句话魅力无穷

你可以为 P.S. 部分保留哪条重要信息？或者换一种说法，有哪条消息你舍得从主文中删除？当然，这一切都取决于你卖的是什么产品或服务。你对你的产品或服务的好处，肯定已经有了一个很好的了解，我建议你把它们单独列在一张纸上。如果你有六大好处的列表，那么你就可以留一个给 P.S. 部分。但是，如果你觉得产品或服务的所有好处都需要在主文中表达出来，那么你还有两个选择。

第一个选择，是可以包含那些已经尝试过产品或服务的人的证言。这可以进一步证明你卖的东西够好。如果读者已经接受你的推荐，那么这时候你再把这些证言加进来，就像一个事后补充一样，也能进一步加深他们的信任。

你的第二个选择，是在 P.S. 部分引入金钱类的担保。到了这个时候，读者的状态一般都是：(a) 非常感兴趣；(b) 仍然不确定；(c) 完全不感兴趣。读者 A 会把金钱担保视为额外奖励。读者 B 可能会认为有这样一个担保，他至少有理由去试一下。读者 C 也一样，但如果他们还是不买账，那么这时候你做什么都没用了。

你可以看到 P.S. 部分是多么有用，而且经过测试证明，增加 P.S. 部分的确可以增加销量。但需要警惕的是，过度使用 P.S. 会降低它的功效。就像一个乐队，老是答应"再来一首"，就会降低人们的兴奋感。那么这时候，恐怕读者会开始跳过这个部分，觉得你又要老生常谈了。要让最后一句话真正发挥作用，你就要由衷而写，保持它的新鲜感，让人无法拒绝。

秘 诀

什么？是的，就这样了。讲完了，结束了。我们已经到了终点。相信我已经为你讲得够多了。好了，再来一个最后的秘诀。让你真正地为 P.S. 部分增光增彩。你看，P.S. 部分就像藏在底部的一个小秘密。不是每个人都会看到它。所以，你要进一步增强它的神秘感。怎么做？可以把 P.S. 换成 Psst。我知道这会看起来怪怪的，但是 Psst 会引起人们的关注。这是挺经典的一个做法。